THIAGO OLIVEIRA

PENSE DENTRO DA CAIXA

APRENDA A ENXERGAR OPORTUNIDADES
E EMPREENDA EM QUALQUER CENÁRIO

Diretora
Rosely Boschini

Gerente Editorial
Marília Chaves

**Editora e Supervisora
de Produção Editorial**
Rosângela de Araujo Pinheiro Barbosa

Assistentes Editoriais
César Carvalho e
Natália Mori Marques

Controle de Produção
Karina Groschitz

Pesquisa e Edição
It Conteúdo

Preparação
Eugênia Souza

Projeto Gráfico e Diagramação
Balão Editorial

Revisão
Vero Verbo Serviços Editoriais

Capa
João Pedro Brito

Imagem de capa
sorbetto/iStockPhoto

Impressão
Assahi Gráfica

Copyright © 2016 by Thiago Oliveira
Todos os direitos desta edição
são reservados à Editora Gente.
Rua Pedro Soares de Almeida, 114,
São Paulo, SP – CEP 05029-030
Telefone: (11) 3670-2500
Site: http://www.editoragente.com.br
E-mail: gente@editoragente.com.br

Dados Internacionais de Catalogação na Publicação (CIP)
Angélica Ilacqua CRB-8/7057

Oliveira, Thiago
    Pense dentro da caixa: Aprenda a enxergar oportunidades e empreenda em qualquer cenário. / Thiago Oliveira. – São Paulo: Editora Gente, 2016.
    160 p.

    ISBN 978-85-452-0120-5

    1. Sucesso nos negócios 2. Empreendedorismo I. Título

16-0709   CDD-650.1

Índices para catálogo sistemático:
1. Sucesso nos negócios 650.1

AGRADECIMENTOS

Gostaria de agradecer primeiramente a Deus, que me sustentou até aqui.

Agradeço à minha família, aos meus filhos (que são bênçãos) e em especial à minha esposa Fabiane, que está sempre ao meu lado me apoiando.

Quero manifestar também a minha gratidão eterna ao senhor Wagner Antibero, meu primeiro sócio, que possibilitou, com seu investimento inicial, a criação da IS Log & Services.

SUMÁRIO

PREFÁCIO 9

APRESENTAÇÃO 11

INTRODUÇÃO 13

Você conhece a sua caixa? 13

1 – VOCÊ NÃO PRECISA SER
UM GÊNIO PARA TER SUCESSO 17

Encontre a sua oportunidade 21

Pouco dinheiro, muito suor 24

2 – NADA SE CRIA – E ISSO É ÓTIMO! 31

Estude a sua caixa 37

Não tenha medo de observar com lupa 38

3 – FAÇA AS PAZES COM OS PROCESSOS 45

Como empreender dentro do processo –

e achar oportunidades onde ninguém as vê 53

4 – ENTRE DE VEZ NO SEU SISTEMA 59

Você é um empreendedor dentro da sua empresa? 63

Faça voar 72

Plano de negócios e planejamento estratégico 72

5 – ESTABELEÇA SEU PLANO DE VOO 79

Transforme-se em um piloto 84

Detalhe todas as áreas 85

Defina os indicadores do seu negócio 88

Falhas e frustrações 90

6 – DESTAQUE-SE NA MULTIDÃO 95
Como desenvolver diferenciais 100
Não tenha medo de brigar com as potências 105

7 – USE A CRISE A SEU FAVOR 109
Mantenha a cabeça erguida 113
Aproveite as mudanças de hábitos 114
Mostre como seu produto ou
    serviço pode ser útil nesse momento difícil 115
Pense no futuro 116
O que só a prática ensina 117

8 – A IMPORTÂNCIA DO TIME DE VENDAS 127
Vendas são o seu calcanhar de aquiles 132
Motivando os vendedores 137

9 – O SEU MOMENTO É AGORA 141
Ética e justiça em primeiro lugar 146

10 – TENHA FORÇA, FOCO E (MUITA) FÉ 151
Você precisa ser forte 154
Você precisa manter o foco 155
Você precisa acreditar 156

PREFÁCIO

Era fevereiro de 2014 e em pouco mais de um mês nós promoveríamos o primeiro evento do projeto Geração de Valor, o GV Top. Estávamos na maior correria quando recebi uma mensagem de um empresário que gostaria de apoiar nosso evento.

Liguei para o interessado e tive contato com uma pessoa muito simpática e articulada, que explicitou seu interesse em estar conosco como retribuição ao valor que o projeto estava gerando em sua vida. Resolvi encontrá-lo pessoalmente para explorar melhor as possibilidades, uma vez que eu não conhecia o empreendedor e seu negócio.

Depois de poucos dias, eu me desloquei para a região do Ipiranga, na zona sul de São Paulo. Mal sabia eu que naquele dia iria conhecer uma história apaixonante.

Quando cheguei à sede da empresa, eu me impressionei de cara com o tamanho, a organização da estrutura e tudo que vivenciei. Na conversa com o empreendedor, conheci sua trajetória, a forma como saiu do zero – ou do menos dez, como sempre brincamos – para construir uma empresa líder em seu setor de atuação que criou um processo inovador para remessas de mala expressa.

Esse foi o início de minha história com Thiago Oliveira, que me cativou com sua simplicidade, seu comprometimento e, sobretudo, sua ética. Ao visitar a empresa, Thiago me mostrou os sistemas e processos que criou visando ter um modelo de gestão que permitisse seu crescimento. Ele me apresentou todos os controles que implementou e confesso que fiquei muito impressionado, pois não deixam nada a dever para grandes e consolidadas empresas que se consagraram na utilização desse modelo, como a Ambev, seu principal ícone e referência.

A trajetória de Thiago mostra que tudo é possível. É possível sair do zero e realizar seus sonhos e projetos pessoais. É possível implementar, em uma empresa em crescimento, processos de gestão de empresas já consolidadas (afinal, uma empresa não é pequena, ela está pequena). É possível amadurecer, preparar-se e adquirir o conhecimento necessário para não ficar menor do que o tamanho da sua empresa – ou melhor, menor que o tamanho de seus sonhos. Sobretudo, é possível construir um empreendimento representativo, relevante e lucrativo sem abandonar os preceitos éticos e de valor à sociedade.

Thiago se tornou um grande amigo. Por isso, sou suspeito ao discorrer sobre suas qualidades. Essa admiração, no entanto, só reforça seus predicados, visto que ultimamente tenho me relacionado com os principais empreendedores do país. Tenho me dedicado a pesquisar, estudar e apresentar referências para um Brasil que precisa abandonar seus fantasmas e seu complexo de vira-lata e admirar aquilo que tem de ser admirado dentro de suas fronteiras. Dessa forma, aumentaremos nossas referências e traremos a todos, sobretudo a nossos jovens, novos modelos a serem seguidos. O Thiago é uma referência para mim e esta obra certamente contribuirá para que seja uma referência para nossa sociedade.

Sinto-me honrado em ter sido convidado para escrever este prefácio. Sinto-me honrado em fazer parte de mais um trecho dessa caminhada vitoriosa. Sinto-me honrado por termos, em nosso país, mais um empreendedor que, mesmo sabendo que a dureza do prélio não tarda, encarou todos os desafios de peito aberto e constrói sua jornada sem medo de ser feliz.

Sandro Magaldi
CEO do meuSucesso.com

APRESENTAÇÃO

Fiquei contente quando recebi o convite para escrever a apresentação deste livro, pois a trajetória de Thiago Oliveira personifica os ensinamentos que tenho disseminado por anos em meus livros, cursos, palestras e workshops. Thiago Oliveira é definitivamente um empreendedor com Olho de Tigre! Em *Pense dentro da caixa*, Thiago desmistifica uma série de conceitos completamente errôneos que muitas pessoas têm a respeito de como atingir sucesso e mostra o que deve ser feito para concretizar as aspirações empreendedoras que existem dentro de cada um de nós. Sejam essas aspirações daqueles que querem a sua própria empresa ou daqueles que almejam ser intraempreendedores, dentro de qualquer organização.

Concordo plenamente com Thiago quando ele diz que: "Não é necessário revolucionar o mundo para ter uma boa ideia e mudar de vida". Na verdade lá no fundo todos nós sabemos disso, mas às vezes é muito mais fácil pensar que Bill Gates, Steve Jobs ou Mark Zuckerberg eram geniais, por isso eles foram tão bem-sucedidos e, como "eu" não sou genial como eles, nunca poderei ser tão bem-sucedido. Esse pensamento nos dá autorização para não fazer nada e nos sentirmos bem com isso, o que obviamente é algo péssimo!

Em *Pense dentro da caixa*, você encontrará um poderoso antídoto para combater esse pensamento não apenas de maneira emocional, por meio da fantástica trajetória de Thiago, de office-boy a empresário de sucesso, mas também de uma maneira racional e objetiva, com a apresentação de estudos de pesquisadores renomados como Gifford Pinchot e fatos concretos que corroboram a tese de que você não precisa ser genial para alcançar grande sucesso em sua própria trajetória.

A maneira como você encara uma situação, independentemente da realidade física daquela situação, é fundamental para determinar o resultado que você atingirá. O lendário Henry Ford, conhecido como o pai da indústria automobilística, dizia: "Se você pensa que pode ou que não pode fazer algo, de qualquer maneira está certo". Portanto, cabe a você encarar as situações com a mentalidade de que pode *sim* vencer os desafios, sejam eles quais forem. Essa é a maneira como os profissionais e empreendedores de sucesso pensam.

Se você já é um empreendedor estabelecido, esta leitura o ajudará a entender como atingir níveis cada vez mais altos de sucesso e se está pensando em empreender pela primeira vez ou quer ser um intraempreendedor bem-sucedido, este livro com certeza lhe servirá como grande inspiração para você parar de apenas pensar e começar a AGIR!

Boa Leitura!

Renato Grinberg
Consultor, palestrante e autor dos best-sellers *A estratégia do olho de tigre, O instinto do sucesso* e *O líder Alfa.*
www.renatogrinberg.com.br

INTRODUÇÃO

VOCÊ CONHECE A SUA CAIXA?

Muita gente no Brasil quer empreender. Esse sonho passa pela cabeça de todos os que têm um emprego com carteira assinada, mas se sentem sufocados pelo chefe, ou na daqueles que, em meio à crise que estamos vivendo, imaginam que ter o próprio negócio é a salvação – tanto do ponto de vista das finanças quanto do da satisfação. O problema é que, na maioria dos casos, essa vontade fica apenas no mundo dos sonhos e nunca é colocada em prática.

Comecei a empreender em 2003, com a minha empresa, a IS Log & Service, e agora, mais de treze anos depois, percebo que as pessoas não conseguem realizar esse sonho por um motivo muito simples: a certeza de que só quem tem uma ideia genial, capaz de revolucionar o mundo, pode empreender. Quem sabe você seja uma dessas pessoas. Talvez ontem você estivesse sentado em sua mesa de trabalho pensando em como seria incrível se, de repente, uma lâmpada se acendesse na sua cabeça com uma ideia revolucionária; ou estivesse em uma aula interminável da faculdade tentando entender o que gênios da tecnologia, como Bill Gates ou Steve Jobs, possuem de diferente em relação a nós, mortais, para terem conseguido empreender sem nem terem terminado a graduação. Talvez você estivesse em uma reunião de trabalho imaginando que nunca vai conseguir sair de seu cargo atual e ser dono do próprio negócio (ou tomar de vez as rédeas da sua carreira) porque não possui a capacidade divina de ter uma ideia inovadora. Todos esses pensamentos ficam rondando a sua cabeça. Saiba, porém, que todos eles são mitos – e, ao longo deste livro, você vai entender por quê.

Parte desses pensamentos acontecem porque você deve ter ouvido muito a máxima: "Pense fora da caixa". Isso é repetido constantemente por pessoas envolvidas com negócios, sejam recrutadores, gestores, consultores, palestrantes, sejam empreendedores. A frase, em si, não tem nada de errado. Afinal, se ninguém pensasse em inovações, a tecnologia não evoluiria e provavelmente ainda estaríamos sem luz elétrica e vivendo em cavernas. O problema é que esse pensamento dá um nó na nossa cabeça e começamos a pensar que, para fazer diferente, é preciso de algo totalmente inovador, que nunca tenha sido feito antes, que mude por completo nossa vida. É essa interpretação que está equivocada. Para fazer diferente, não é preciso ir muito longe. Tudo o que você precisa, como lerá nas próximas páginas, é pensar dentro da sua caixa.

Parece loucura, mas não é. Pense na sua vida. Ela é toda compartimentada, certo? Seu casamento ou namoro é uma caixa. Sua família é outra. Seus estudos são outra. Seus amigos, outra. E, claro, o seu trabalho é outra caixa. O que vou ensinar a você é como enxergar, dentro da caixinha chamada "trabalho", as oportunidades de inovar. Você não precisa ser genial para fazer isso. De fato, poucas pessoas conseguirão ter um olhar capaz de transformar o modo como nós vivemos e revolucionar a sociedade. Eu com certeza não sou genial e, mesmo assim, consegui encontrar algo, na minha caixa, que me rendeu muitas conquistas, materiais e imateriais, como o amor pelo trabalho. Minha história provavelmente é muito parecida com a sua: eu trabalhava em uma empresa na qual não tinha chance de crescimento, mas encontrei uma oportunidade para fazer diferente. Agarrei essa chance como se fosse a única da minha vida – e, para um garoto que nasceu em um bairro de classe baixa de São Paulo como eu, essa era mesmo a minha grande chance. Não sou o próximo inventor da roda, e é provável que você também não seja. Sou apenas uma pessoa que conseguiu fazer negócio com algo que já existia. Explorei o nicho dentro do nicho – o de mala expressa, que é o termo para entregas de documentos corporativos – usando os ensinamentos da economia compartilhada e a logística reversa para montar minha empresa.

A sua inquietação é como a de milhares de brasileiros. Você tem espírito empreendedor, mas não sabe como prosperar no momento atual. Fica se perguntando quando

> **O QUE VOU ENSINAR A VOCÊ É COMO ENXERGAR, DENTRO DA CAIXINHA CHAMADA "TRABALHO", AS OPORTUNIDADES DE INOVAR.**

terá uma grande ideia para mudar sua área, procura oportunidades de ganhar dinheiro em pesquisas e observa o mercado no exterior. No entanto, parece que todas as oportunidades já foram exploradas. Essa sensação existe porque você ainda não conhece bem sua própria caixa. Com a ajuda deste livro, vai começar a enxergar as brechas para agir.

Vou ensiná-lo a encontrar boas oportunidades em algo que a maioria das pessoas detesta: os processos. Ali está a chave para dar uma guinada na sua vida. Você pode achar que processos são maçantes, mas, se bem estudados, eles podem mostrar as saídas que você procura há tanto tempo.

Nos próximos capítulos, você conhecerá melhor a minha história e entenderá como eu, que comecei como office boy e depois me tornei motorista agregado, consegui fundar uma empresa. Na época,

> **PENSAR DENTRO DA CAIXA PODE SER A SOLUÇÃO PARA A SUA SATISFAÇÃO PESSOAL E PROFISSIONAL, BEM COMO PARA A SUA LIBERDADE FINANCEIRA.**

a área que escolhi não tinha nenhum concorrente no mercado privado porque não havia ninguém no Brasil especializado nesse segmento. Vou compartilhar com você, nas páginas a seguir, tudo o que aprendi sobre pensar dentro dos processos, e você vai se convencer de que pensar dentro da caixa pode ser a solução para a sua satisfação pessoal e profissional, bem como para a sua liberdade financeira.

1

VOCÊ NÃO PRECISA SER UM GÊNIO PARA TER SUCESSO

Existem muitos mitos sobre o sucesso, a inovação e o empreendedorismo. Um dos mais comuns é o de que, para fazer algo diferente e se tornar uma pessoa bem-sucedida, você precisa, necessariamente, ter uma ideia genial. Muita gente acha que nunca vai conseguir prosperar porque não inventou a roda, não descobriu a energia elétrica, não desenvolveu o iPhone, não criou o Facebook nem idealizou o WhatsApp... No entanto, sabe quantas pessoas têm essa capacidade de inventar algo sensacional, que mude o mundo? Pouquíssimas. Por isso, elas são geniais. Contudo, você já parou para pensar sobre o que é ser um gênio?

O conceito de genialidade é relativo. Na teoria mais disseminada, gênio é uma pessoa com a inteligência ou a criatividade acima da média ou alguém que se destaca em diferentes áreas de atuação. Isto é, aquele capaz de criar um conceito, um produto, um remédio, um serviço, uma tecnologia, ou qualquer coisa totalmente nova, que muda o olhar do mundo. Pode ser, também, alguém tão habilidoso do ponto de vista físico que revoluciona o mundo dos esportes, como foram Pelé no futebol, Michael Jordan no basquete e Ayrton

Senna na Fórmula 1. Ou, ainda, uma pessoa com a criatividade tão aflorada que transforma as artes, como Michelangelo na pintura e escultura, Beethoven na música e Proust na literatura.

Entretanto, será que a genialidade é necessariamente boa? Por um lado, sim, é claro. Quando reconhecidos em vida, os gênios são recompensados com veneração e dinheiro. Contudo, eles costumam ser muito mais ansiosos do que as pessoas comuns. O cientista Alexander Penney, da MacEwan University, do Canadá, descobriu que estudantes com QI mais elevado passavam mais tempo remoendo as preocupações do que os outros alunos. Além das preocupações diárias, muitos gênios também sofrem por não ser reconhecidos por seus feitos. Vicent van Gogh, o pintor holandês que hoje é tão reverenciado, morreu pobre porque não conseguiu vender muitos de seus quadros.

> **NÃO É NECESSÁRIO REVOLUCIONAR O MUNDO PARA TER UMA BOA IDEIA E MUDAR DE VIDA.**

Outros gênios sofreram para conseguir que suas ideias ou seu estilo de pensamento fossem aceitos. Talvez você não se lembre de que Albert Einstein, um dos maiores gênios que o mundo já conheceu, foi rotulado de mentalmente lento por um de seus professores, sofreu *bullying* e foi expulso da escola. Além disso, quando enviou sua teoria da relatividade para aprovação em um doutorado na Universidade de Berna, na Suíça, recebeu uma carta do diretor do Departamento de Física, que dizia que sua teoria era mais artística do que científica. Mais recentemente, Sergey Brin e Larry Page foram ridicularizados pelos donos do Yahoo, que acharam que o projeto de doutorado que a dupla estava desenvolvendo – e que se transformaria no Google – não era rentável o bastante para a empresa.

Então, você pode querer me perguntar: "Se até os gênios enfrentam dificuldades, imagine eu, que não tenho nem uma ideia brilhante, nem dinheiro no bolso?". Posso imaginar a sua inquietação. Eu também me sentia assim até descobrir que não é necessário revolucionar o mundo para ter uma boa ideia e mudar de vida. O fato é que a maioria das pessoas não é genial e você precisa internalizar isso. Eu não sou genial, e talvez você também não seja. E tudo bem! Não ser genial não significa que você está fadado ao fracasso. Não sou nenhum Steve Jobs e consegui – com muito esforço, dedicação e senso de oportunidade – chegar muito mais longe do que imaginava. É possível ser genial sem ser considerado um gênio. Você não precisa ter inteligência, capacidade criativa e habilidades físicas acima da média para fazer coisas que os outros vão considerar geniais.

ENCONTRE A SUA OPORTUNIDADE

Para você entender bem o que quero dizer com isso, vou contar a minha história. Sempre brinco que posso ter cara de menino criado no condomínio, mas minha origem é bastante humilde. Nasci em São Paulo, no bairro de São Miguel Paulista, uma região bastante humilde da cidade. Confesso que nunca fui muito estudioso, mas desde cedo tinha vontade de melhorar a minha situação de vida.

Então, quando ainda era garoto, em 1998, consegui um emprego como office boy em um escritório de contabilidade. Assim começou minha trajetória profissional. Fiquei nesse emprego por mais ou menos um ano e meio – sem registro na carteira, mas ganhando um dinheirinho. Conheci uma pessoa que me indicou para uma vaga em uma empresa de transporte. Lá eu seria um motorista agregado – um profissional sem vínculo empregatício, que prestaria serviços de transporte e logística para outras empresas e seria pago de acordo com o número de entregas que fizesse. Achei a proposta interessante, pois ia atuar em um novo ramo para mim, o do transporte. Mal sabia que estava começando a traçar meu destino e a caminhar em direção ao sucesso.

Para trabalhar lá, peguei emprestado o Monza 1994 do meu pai. O carro não era grande coisa e mais quebrava do que funcionava, mas servia para algumas diárias de serviço. O trabalho não era muito vantajoso porque, além de não ter carteira assinada, eu precisava arcar com a manutenção e o combustível do carro do meu pai. Entretanto, eu precisava trabalhar e agarrei a oportunidade.

> **É POSSÍVEL SER GENIAL SEM SER CONSIDERADO UM GÊNIO. VOCÊ NÃO PRECISA TER INTELIGÊNCIA, CAPACIDADE CRIATIVA E HABILIDADES FÍSICAS ACIMA DA MÉDIA PARA FAZER COISAS QUE OS OUTROS VÃO CONSIDERAR GENIAIS.**

Assim, entrei em contato com o mundo do transporte e comecei a idealizar a minha companhia, a IS Log & Services. Quando era agregado, percebi que na empresa em que eu estava trabalhando havia muitos problemas na entrega, como roubos, desvios de documentos e erros de rotas. Lá, a coleta e a entrega de cargas era realizada com a mala expressa. E isso era muito arriscado porque em caso de roubo de mercadoria, a documentação era extraviada. Isso me deixou intrigado e comecei a pensar: "Será que não existe um jeito mais eficiente de fazer esse tipo de serviço?". Eu fazia esse questionamento porque havia notado que a falta de especialização aumentava os custos do transporte. Com essa pulga atrás da orelha, comecei a pesquisar sobre outras empresas de entrega no Brasil e descobri que não havia nenhuma companhia que entregasse apenas documentos corporativos – a tal da mala expressa – que atuasse como logística reversa e usasse o modelo da economia compartilhada. Então pensei que esse raciocínio poderia ser uma saída para a empresa, que ganharia mais dinheiro com um novo tipo de atuação.

Contudo, eu era tão ingênuo que, em vez de agarrar essa ideia como a melhor da minha vida, eu a sugeri para o dono da transportadora em que eu trabalhava. Minha sorte foi que ele não achou a sugestão muito boa, nem me deu ouvidos e dispensou a ideia. Ele me disse que não estava interessado naquilo, que o interesse dele era só em cargas, e que não queria saber de sugestões – algo que você já deve ter ouvido de alguns chefes por aí. Entretanto, ainda bem que isso aconteceu! Comecei a pensar mais sobre o assunto e vi que tinha, na minha frente, uma grande oportunidade. Eu poderia ser o primeiro empresário da iniciativa privada do país especializado em retirada e entregas de malas expressas. Quando tive esse estalo, agarrei essa ideia. Acreditei que ela transformaria a minha vida e a da minha família. Foi esse senso de oportunidade que redefiniu os rumos da minha trajetória.

Você deve ter percebido, com esse pedacinho da minha história de empreendedor, que eu fiz algo bastante simples: tive uma ideia inovadora com base nos erros de um processo anterior. Quer dizer, se eu não tivesse ficado incomodado com os roubos de cargas e os extravios de documentos e não tivesse mergulhado nos processos problemáticos da transportadora em que trabalhava, não teria pensado em uma alternativa para solucionar o problema. E se eu não tivesse pensado nessa alternativa, poderia estar até hoje como agregado, usando o Monza 1994 do meu pai para fazer entregas e ganhando pouquíssimo dinheiro.

O que quero dizer é que as oportunidades existem. E elas estão onde você menos imagina: no seu dia a dia! Tudo o que você precisa fazer é abrir os olhos e estudar o nicho no qual atua. Com isso vai encontrar brechas e criar algo novo. Não é necessário redefinir os rumos da humanidade, mas, observando o que já existe, você pode encontrar alternativas para fazer algo melhor – seja como empreendedor, seja como funcionário de uma empresa. Nos próximos capítulos, vou dividir com você as ferramentas e as habilidades necessárias para desenvolver um olhar aguçado e as esmiuçar processos. Você vai entender por que pensar **dentro** da caixa é a saída mais simples para o sucesso.

POUCO DINHEIRO, MUITO SUOR

Talvez você esteja se perguntando: "Tudo bem, você encontrou uma alternativa para empreender e teve uma ideia que, agora, até parece simples. Entretanto, como fez para concretizá-la? Como conseguiu dinheiro para isso? Eu também tenho algumas ideias, mas nunca consigo colocá-las em prática...". Isso acontece muito. Os brasileiros querem empreender, mas poucos conseguem tirar as ideias do papel. Uma pesquisa do Instituto Data Popular, especializado na classe C, mostrou que, em 2015, cresceu o número de pessoas no país com vontade de empreender. A porcentagem saltou de 23% (em 2013, data da última pesquisa) para 28% em 2015. Isso significa que 38,5 milhões de cidadãos querem abrir o próprio negócio. O levantamento mostrou ainda que 78% dos que querem empreender já se preparam para abrir o próprio negócio: 38% pesquisam a área em que desejam atuar, 28% guardam dinheiro para investir e 12% se aperfeiçoam com cursos e estudos. Isso mostra que há muita gente correndo atrás desse sonho. Além disso, achei interessante que a maioria dessas pessoas tem o mesmo perfil que eu tinha quando comecei meu negócio: 54% têm entre 18 e 35 anos e 37% têm apenas o ensino médio. Outra pesquisa, dessa vez da Endeavor, empresa especializada em prestar consultoria a empreendedores, mostra que são os jovens que estão com vontade de se tornar os próprios patrões. Os pesquisadores entrevistaram universitários brasileiros e descobriram que 6 em cada 10 têm vontade de ser o próprio chefe, mas a maioria não sabe como começar, e apenas 14% dedicam parte de seu tempo a ler livros,

> **O QUE EU QUERO DIZER É QUE AS OPORTUNIDADES EXISTEM. E ELAS ESTÃO ONDE VOCÊ MENOS IMAGINA: NO SEU DIA A DIA! TUDO O QUE VOCÊ PRECISA É ABRIR OS OLHOS E ESTUDAR O NICHO NO QUAL ATUA.**

assistir a palestras ou frequentar aulas que os ajudem a aprender a empreender. O que quero dizer com tudo isso? Que para tirar a ideia do papel não é preciso muito dinheiro, mas bastante suor e uma boa dose de coragem, fé e ousadia. E isso os brasileiros têm de sobra. Você também deve ter.

Eu não era um especialista quando comecei meu negócio. Não tinha sequer pretensão de cursar uma faculdade. Sabia, porém, que uma ideia tão boa como a de mala expressa não cairia no meu colo de novo. E percebi que eu precisava lutar para que ela se tornasse realidade.

Portanto, fiz algo muito simples: eu tive coragem e humildade, conversei com um amigo sobre meu sonho. Eu e o Wagner, um rapaz de Jundiaí, interior de São Paulo, sempre falávamos sobre negócios e planos para o futuro. Eu sabia que ele tinha algum capital e que eu poderia contar com ele para colocar minha ideia em pé. Conversamos muito, e ele topou ser meu sócio. Na época, ele fez um empréstimo muito significativo: 17 mil reais. Pode não parecer muito hoje, uma vez que a IS Log & Services fechou 2015 com um faturamento de 50 milhões, mas esse investimento era tudo de que eu precisava. Eu tive coragem de pedir a um amigo. E quando você tem certeza de que seu sonho pode render frutos, tudo de que você precisa é coragem. Não vale baixar a cabeça e desperdiçar aquilo que você tanto deseja apenas porque não tem dinheiro.

No meu caso, esse amigo me salvou. Com o dinheiro em mãos, e o mais importante: com ele acreditando no meu sonho, eu tive a oportunidade de mostrar o meu potencial na administração de um novo negócio tanto para mim quanto para ele, que atua até hoje com sucesso em outro ramo. Essa foi a minha primeira experiência de negócio. No início, não foi nada fácil – e não estou falando apenas sobre as dificuldades do negócio. Entretanto, com muita fé e trabalho, consegui chegar onde estou hoje. O apoio da minha esposa, que na época era minha noiva, também foi essencial. Graças a ela eu tive forças para seguir em frente. Ela acreditou que aquele pequeno empreendimento poderia se transformar em algo muito maior. E ter alguém me apoiando foi fundamental. Assim, eu também continuei a acreditar que meu sonho poderia, sim, tornar-se realidade. Portanto, é isso que você precisa começar a fazer agora: acreditar que você, mesmo não sendo um gênio, pode encontrar um nicho de atuação (dentro ou fora da sua empresa) e ir para muito mais longe do que imaginou.

QUAIS SÃO SEUS MEDOS?

Eu sei que para muita gente empreender é dar um salto no escuro. Quando você abre um negócio, dá mesmo um enorme frio na barriga. Os desafios são vários: você não tem a segurança de que aquilo vai dar certo e, se não der, o único culpado será você mesmo; é preciso lutar contra a opinião de muitas pessoas que pensam que você está fazendo uma loucura; e, há um risco de não recuperar o que foi investido. Além disso tudo, empreender é um sonho, e ninguém quer ver um sonho virar pesadelo...

Por isso, proponho um exercício que vai ajudar você a identificar seus grandes temores na hora de empreender. Reconhecê-los é o passo mais importante para lutar contra eles. Pegue este livro, vá para um lugar tranquilo e responda às questões a seguir com toda sinceridade. Depois, pense sobre as respostas. Elas vão indicar um caminho para você superar seus medos, destravar seu cérebro e ter mais coragem para empreender.

EM UMA ESCALA DE 0 A 10, ONDE SE LOCALIZA SEU MEDO DE FRACASSAR COMO EMPREENDEDOR?

_____

_____

_____

_____

_____

_____

LISTE TRÊS RAZÕES PELAS QUAIS VOCÊ MAIS TEM MEDO DE FRACASSAR. PENSE NAS DIFERENTES ESFERAS DA SUA VIDA, COMO FAMÍLIA, AMIGOS, CARREIRA E FINANÇAS.

1. _____

_____

2. _____

_____

3. _____

_____

SE VOCÊ TEM UM EMPREGO, O QUE FARIA VOCÊ TROCÁ-LO PELO EMPREENDEDORISMO? POR QUÊ?

O QUE FARIA VOCÊ CONSIDERAR QUE TRABALHAR EM UMA EMPRESA É MELHOR DO QUE EMPREENDER? POR QUÊ?

QUAL É O MOTIVO PRÁTICO (E NÃO EMOCIONAL) QUE FAZ COM QUE VOCÊ AINDA NÃO ESTEJA EMPREENDENDO? EXPLIQUE.

_____

_____

_____

_____

_____

_____

_____

_____

Agora guarde as repostas. Elas serão necessárias para a nossa caminhada ao longo do livro.

2

NADA SE CRIA – E ISSO É ÓTIMO!

Muita gente imagina que o empreendedor é uma pessoa cheia de ideias geniais que de hora em hora para o que está fazendo para desenhar um plano para um novo produto ou serviço. Ou, então, que tem em casa uma gaveta abarrotada de projetos futuros que vão fazer com que ele ganhe rios e rios de dinheiro. Ou, ainda, que possui novos produtos para os próximos dez anos e que nunca passou semanas a fio brigando consigo mesmo para encontrar o nome certo da empresa que quer abrir ou para batizar um novo produto. Isso, claro, é só mais um mito sobre empreendedorismo. Pense nos grandes empresários. Você acha que eles tiveram um rio de ideias? Não. Eles tiveram uma ideia muito boa que, quando colocada em prática, deu muito certo. No entanto, a maioria das ideias não é original. Na verdade, elas são a adaptação de uma ideia anterior, ou uma melhoria de outra ideia. É importante que você entenda que tudo já existe. A oportunidade não está em criar repentinamente algo novo, mas em transformar algo que já existe – e em se inspirar em tudo que já foi feito para criar algo melhor.

O grande Pablo Picasso, artista espanhol que revolucionou as artes plásticas com suas figuras cubistas, costumava falar que os bons artistas copiam e que os grandes artistas roubam. Com isso ele queria dizer que é preciso olhar o que já existe e fazer algo diferente. Deve-se encontrar buracos e oportunidades no que já foi feito. Picasso fez isso em sua trajetória. Se você observar bem uma de suas pinturas mais famosas, *As senhoritas de Avignon*, vai notar que os rostos das mulheres pintadas se parecem muito com as máscaras africanas que Picasso colecionava. Tendo como referência algo que já existia há milhares de anos, ele transformou o mundo artístico. Sua genialidade foi "roubar" uma ideia e aplicá-la em outro contexto. Picasso não inventou a tinta ou a tela com que ele fazia sua arte. Ele inventou um novo processo: enxergou uma brecha no que já estava ali.

> A OPORTUNIDADE NÃO ESTÁ EM CRIAR REPENTINAMENTE ALGO NOVO, MAS EM TRANSFORMAR ALGO QUE JÁ EXISTE – E EM SE INSPIRAR EM TUDO QUE JÁ FOI FEITO PARA CRIAR ALGO MELHOR.

Saindo do mundo das artes e entrando no mundo dos negócios também é fácil encontrar exemplos de pessoas que criaram processos altamente lucrativos com base no que já existia. Você deve conhecer os chocolates da Hershey's e pode imaginar que os doces foram criados do nada, de repente. No entanto, não foi bem assim. No século XIX, Milton Hershey, o fundador da empresa, começou atuando no ramo de caramelos. Sua primeira fábrica, a Lancaster Caramel Company, foi construída na Pensilvânia, seu estado natal, e era muito rentável. Contudo, ele teve um pressentimento de que se mudasse um pouquinho o processo de fabricação dos doces teria muito mais sucesso. Ele havia conhecido o chocolate suíço, que usava leite na receita original, e achou que mudar o processo de fabricação dos chocolates nos Estados Unidos, que não usavam leite, seria lucrativo. Então, vendeu sua fábrica de caramelos e apostou nesse novo processo de fabricação – que ele, veja bem, roubou dos suíços! E deu certo. Hoje, a Hershey's está presente no mundo inteiro e é a líder do setor na América Latina. Tudo porque o fundador da empresa viu um processo diferente que poderia ser aplicado ao que ele já fazia.

Quer outro exemplo de inovação e criatividade relacionado a mudança de processos? É só pensar na quantidade de empresas que tem usado a chamada economia compartilhada. O Uber é hoje a empresa de transporte mais valiosa do mundo e ela não tem sequer frota de carros! O que os criadores da companhia fizeram foi analisar um processo que não estava dando muito certo – o trânsito nas cidades e a dificuldade de deslocamento das pessoas – e pensar em uma forma de melhorar esse sistema. Tudo começou em 2008, quando os amigos norte-americanos Travis Kalanick e Garrett Camp, que estavam viajando por Paris, tiveram uma dificuldade imensa para conseguir um táxi. Então eles pensaram: "E se pudéssemos pegar o celular, apertar uma tecla e conseguir um carro?". Pronto. A ideia do Uber tinha surgido. E como? Com base na observação de um processo que dava errado. Os criadores notaram que pegar um táxi nem sempre é fácil e pensaram no que poderia ser feito para melhorar essa situação. Eles criaram uma solução dentro de um processo que funcionava mal. Hoje, o Uber está em 445 cidades ao redor do mundo, conecta bilhões de pessoas – muitas estão ganhando dinheiro com o projeto – e teve um valor de mercado estimado em 51 bilhões de dólares em 2015.

Outra empresa que conseguiu inovar dentro de um processo é a Netflix. Talvez você não saiba, mas a companhia norte-americana foi fundada em 1997 e surgiu como uma locadora de vídeos em que os clientes pagavam 4 dólares por filme alugado. O fundador, Reed Hastings, teve a ideia de criar essa empresa quando estava irritado com um processo: a multa que as locadoras cobravam de quem atrasava a devolução dos filmes. Na locadora dele não havia multas. Isso, porém, estava fazendo com que a empresa perdesse dinheiro. Então, Reed Hastings e seu sócio, Marc Randolph, começaram a esmiuçar os processos da empresa para encontrar uma saída. Com essa análise, eles perceberam que, em vez de perder dinheiro com o atraso para a devolução, podiam ganhar dinheiro oferecendo um serviço que ninguém oferecia: levar os filmes até a casa dos clientes que pagassem uma assinatura mensal. Uma coisa muito simples, certo? Como, porém, ninguém havia estudado o processo das locadoras de filmes desse modo, Reed e Marc foram os primeiros a ter essa ideia. Então, em 1999, a Netflix começou a entregar os filmes na casa dos consumidores que, depois do tempo que quisessem, podiam devolvê-los nos mesmos envelopes em que os recebiam. Seis anos depois, a companhia tinha um acervo de 35 mil filmes e mais de 4 milhões de assinantes. Por volta de 2007, os sócios notaram que poderiam melhorar os ganhos se incorporassem um novo processo: o de filmes pela internet, que estavam começando a ganhar força. E foi o que fizeram. Introduziram o serviço de *streaming*, que os levou aonde eles estão hoje: na TV ou

> **O OBSERVADOR ATENTO PERCEBE AS OPORTUNIDADES E AS IDEIAS DENTRO DO AMBIENTE EM QUE VIVE.**

no computador da sua casa, aqui no Brasil, e na de várias outras pessoas no mundo todo.

As oportunidades não estão atreladas necessariamente a produtos. Elas estão associadas a processos, a pequenas mudanças em processos que já existem. Para ter sucesso no empreendedorismo, você não precisa pensar fora da caixa, mas dentro dela. O observador atento percebe as oportunidades e as ideias dentro do ambiente em que vive.

ESTUDE A SUA CAIXA

O mais importante para quem quer começar a pensar melhor dentro da caixa é perder o medo de fazer análises aprofundadas sobre o mundo que o cerca. Você não pode fechar os olhos para a sua realidade, precisa estar atento a tudo o que acontece à sua volta. Só assim vai conseguir visualizar as portas que podem se abrir para você. Para fazer isso, é crucial olhar os processos com uma lupa. É ali que estão as grandes oportunidades.

Vou explicar como fiz isso na minha empresa. Assim que consegui o empréstimo de 17 mil reais com meu amigo e primeiro sócio, eu aluguei uma sala simples no bairro do Ipiranga, na Zona Sul de São Paulo, região em que a empresa está até hoje. Naquela sala trabalhávamos apenas eu e um auxiliar de escritório que contratei para me ajudar com a parte administrativa e burocrática do negócio e logo contratamos um vendedor para acelerar o negócio, o que foi fundamental. Mais para frente falarei da importância do departamento comercial. Eu havia encontrado a minha oportunidade dentro da minha caixa, mas, por ser algo totalmente novo no Brasil, era difícil mostrar para meus possíveis clientes por que eles deveriam comprar meu serviço. Eu precisava mostrar para eles a importância do meu produto. Então, comecei a apontar todos os problemas dos serviços que eles contratavam e falava como o meu serviço de recebimento e entrega de malas expressas era mais seguro e eficiente. O meu desafio era fazê-los entender que o negócio que eu tinha criado era apenas uma melhoria de um processo já existente e consolidado: as entregas personalizadas.

Muita gente acha que para empreender é preciso mudar completamente a sua área de atuação, e aí está o erro. Para empreender e ter sucesso, você precisa trabalhar com algo que domina. Veja, por exemplo, o Abílio Diniz, um dos empresários mais importantes do Brasil. Ele começou a atuar no ramo de alimentação e varejo simplesmente porque conhecia bem esse negócio. Sua família era dona de uma doceria e desde pequeno ele via o pai trabalhando com alimentos. Quando se formou e estava em dúvida se faria um curso de pós-graduação no exterior ou se procuraria um emprego em uma multinacional, o pai de Abílio propôs que, juntos, eles administrassem um supermercado. E aí tudo começou. Por que Abílio teve tanto sucesso e se tornou um dos maiores empreendedores do Brasil? Porque ele quis trabalhar em um nicho que conhecia.

NÃO TENHA MEDO DE OBSERVAR COM LUPA

Às vezes, na ânsia de empreender, inovar ou dar uma guinada na vida, nós nos esquecemos de olhar o que está à nossa volta. É um erro que todos cometem em algum momento da vida e que eu também cometi. Vou lhe contar como eu quase estraguei minha história de empreendedorismo e quase perdi minha empresa porque fiquei pouco atento aos detalhes.

Antes, porém, preciso explicar como aconteceu o crescimento da IS Log & Service. Quando erámos apenas eu, um assistente administrativo e um vendedor, eu tirava uns 700 reais por mês, que dava apenas para eu sobreviver e não morrer de fome. Todo o resto do dinheiro eu reinvestia na empresa, para poder contratar funcionários e motoristas – meu sonho era que todos os motoristas da IS Log & Service tivessem carteira assinada. Logo depois de fechar meu primeiro contrato, precisei comer muito arroz com feijão e prospectar clientes. Não foi fácil. Levamos meses fazendo ligações e reuniões para mostrar aos possíveis clientes o valor da minha empresa. Com muito trabalho, conquistamos a nossa segunda conta. E assim a companhia começou a crescer. Um pouco por causa da propaganda boca a boca – os clientes comentavam sobre meus serviços e me indicavam para outras pessoas –, mas principalmente em decorrência do trabalho duro, grande parte do meu tempo era dedicado a melhorar os processos existentes dos clientes atuais. Naquela época, atendíamos apenas a região de São Paulo, mas fomos crescendo aos poucos.

> **QUANDO ESTAMOS NO MEIO DE CRISES, IMAGINAMOS MIL SOLUÇÕES DIFERENTES PARA AS NOSSAS FRUSTRAÇÕES E, MUITAS VEZES, ACABAMOS NÃO ENXERGANDO A SAÍDA CORRETA.**

No primeiro ano da empresa, o que entrava em caixa era muito pouco; eu não tinha lucro nenhum e temia ter de fechar as portas. Contudo, aquela era a chance da minha vida, eu só desistiria se não houvesse outra saída. Então, trabalhamos duro. Sempre fui ambicioso e queria mudar de vida, crescer, melhorar minha condição financeira e formar uma família. Empreender parecia ser minha grande chance. O cavalo passou e eu o agarrei! No entanto, fui crescendo devagar, sem me preocupar muito com os indicadores de desempenho e sim com processos e melhorias internas da empresa. E por causa disso, eu quase quebrei.

Abri a empresa em 2003. Em 2009, tivemos um *boom* e abrimos quatro filiais. Contudo, a minha gestão não era muito estruturada em indicadores de desempenho e eu não estava totalmente atento aos detalhes. Assim, eu me peguei devendo um alto valor ao banco... Eu tinha apenas 27 anos na época e fiquei muito nervoso. Só passei por esse período difícil graças à confiança que a minha esposa depositava em mim e na empresa, à minha fé em Deus e à minha força para olhar de novo para a minha caixa.

Estudando o mercado, percebi que poderia aumentar minha estrutura e melhorar minha situação. A IS Log & Service já fazia entregas terrestres com carros e caminhões. O que, porém, ela não fazia? Entregas aéreas! Aí estava o meu novo nicho. Só consegui porque passei dias quebrando a cabeça, pensando em como eu poderia aperfeiçoar o processo da minha empresa para aumentar meus ganhos e saldar minha dívida. Meu raciocínio foi o seguinte: eu precisava aumentar a receita e, para isso, era necessário ampliar minha capilaridade (área) de atuação, mantendo o mesmo custo fixo e aumentando apenas o variável. Por isso, pensei em aumentar as rotas da empresa para o nordeste e atender em Salvador, Recife e Natal. Entretanto, com o transporte terrestre, seria caríssimo fazer esse tipo de serviço. Por isso, a sacada foi utilizar o transporte aéreo. Entrei em contato com empresas de aviação que transportam carga (hoje atuo com Gol, Latam e Avianca) e consegui fechar contratos para que eles levassem a mala expressa de clientes. Isso me ajudou a ampliar as receitas e, graças a esse novo nicho no nicho, consegui fazer uma melhoria na empresa e arrecadar a receita de que precisava para dar uma guinada e sair da dívida para o crescimento. Acredito que, se não fosse a situação crítica em que eu me encontrava, eu não teria ousado tanto. Talvez não tivesse nem mesmo avaliado as novas possibilidades.

Só aprendi isso na marra. Abri minha empresa porque tive a sensação de que era isso ou nada. Se eu não transformasse em realidade a ideia que tive, eu não sairia do lugar, não cresceria e não conquistaria meus sonhos. Depois, quando enfrentei minha grande crise financeira, foi a mesma coisa. Ou eu ousava, ou não sairia do atoleiro em que estava. É claro que enfrentar esse tipo de situação não é fácil. Quando estamos no meio de crises, imaginamos mil soluções diferentes para as nossas frustrações e, muitas vezes, acabamos não enxergando a saída correta. No entanto, são as crises que nos fortalecem e nos empurram para o caminho certo. Às vezes, entramos em uma zona de conforto em que tudo parece bem, mas, lá no fundo, as coisas já estão ruins. E quando isso acontece precisamos dar uma chacoalhada e agir com ousadia.

Portanto, se você sente que está começando a entrar em uma zona de conforto, mexa-se antes que a crise chegue. Esmiúce a sua caixa.

No próximo capítulo, vou explicar detalhadamente como encontrar oportunidades onde ninguém as vê. Antes disso, porém, responda às seguintes perguntas para começar a conhecer a sua caixa:

QUAIS SÃO SEUS PONTOS FORTES? LISTE CINCO COMPETÊNCIAS OU HABILIDADES EM QUE VOCÊ SE CONSIDERA MUITO BOM.

1. _____

_____

_____

2. _____

_____

_____

3. _____

_____

_____

4. _____

_____

5. _____

_____

EM QUE NEGÓCIO, PRODUTO OU SERVIÇO VOCÊ É UM ESPECIALISTA? PENSE NAQUILO QUE VOCÊ CONHECE MELHOR NA SUA VIDA.

_____

_____

_____

_____

_____

_____

_____

_____

COMO ESSE NEGÓCIO, PRODUTO OU SERVIÇO PODERIA SER MAIS BEM DESENVOLVIDO? E COMO VOCÊ PODERIA CONTRIBUIR COM ISSO?

_____

_____

_____

_____

_____

_____

_____

Leve essas respostas para o próximo capítulo. Elas serão cruciais para você entender como analisar a sua caixa, encontrar oportunidades onde ninguém as vê e se tornar um empreendedor – seja abrindo um negócio, seja dentro da empresa em que já trabalha.

3

FAÇA AS PAZES COM OS PROCESSOS

Os processos nem sempre parecem interessantes. Há uma ideia generalizada de que eles são chatos e maçantes, que acabam com a criatividade... Esses sentimentos fazem com que a maioria das pessoas os encare como um mal necessário e não como a ponte para uma inovação, para o empreendedorismo e para o sucesso. Será que você é uma dessas pessoas? Se você se identificar com uma das histórias a seguir, provavelmente sim.

PENSE QUE UM EMPREENDEDOR LHE CONTA QUE....

"... PROCESSOS SÓ SERVEM PARA TRAVAR IDEIAS. É o que sinto como empreendedor. Tudo bem que resolvi abrir minha empresa no ano passado, quando o Brasil já estava entrando na crise e as coisas começaram a desacelerar. No entanto, eu não imaginava que as coisas fossem ficar tão difíceis para 1,8 milhão de empresas que fecharam as portas em 2015. A situação está muito complicada. E, quanto mais reflito, mais difícil é encontrar uma saída. Toda vez penso em como posso melhorar meus ganhos, esbarro nos processos que tenho de seguir – porque, se não os seguir, posso quebrar ou cair na tentação de tomar atitudes que são contra as leis e a burocracia brasileiras. Isso eu não posso fazer; sou honesto. Quando, porém, começo a olhar os processos, fico travado! Simplesmente não saio do lugar. Não consigo ver como a análise dos meus processos pode me ajudar a ser mais criativo, a encontrar uma saída para minha situação... Se eu soubesse como olhar para isso com mais tranquilidade, talvez eu conseguisse encontrar uma saída. No entanto, nesse momento, eu só fico mais confuso e não consigo enxergar alternativas."

PENSE QUE UMA EXECUTIVA DE UMA COMPANHIA MULTINACIONAL LHE CONTA QUE...

"...Processos atrapalham a velocidade das decisões. Esse é um dos grandes problemas que tenho enfrentado nos últimos anos. A cada decisão que preciso tomar, fico estagnada por uma série de procedimentos que devem ser cumpridos. Isso me deixa nervosa e, consequentemente, a minha equipe também fica ansiosa. Sei que os processos são importantes para que todos tenham a mesma base para agir, mas tantos procedimentos engessam as decisões que precisam ser tomadas com mais agilidade. Muitas vezes, tento encontrar uma brecha nos processos para ser mais rápida ou para fazer algo diferente, mas não consigo enxergar nada. Para mim, processos são empecilhos que só atrapalham a velocidade das decisões e travam a criatividade. Se eu conseguisse lidar melhor com eles, talvez eu pudesse lidar melhor com as minhas ansiedades e agilizasse as decisões que preciso tomar."

PENSE QUE UM FUNCIONÁRIO DE UMA EMPRESA LHE CONTA QUE...

"...PROCESSOS EMBURRECEM. Toda vez que meu chefe diz que eu não posso agir de outra forma porque tenho de seguir o procedimento eu fico muito frustrado. Não consigo entender por que agir conforme o modo padrão pode ser melhor do que inventar um modo novo, agir por impulso ou criar algo inesperado. Olho para os processos e penso que tudo podia ser melhor se fôssemos mais livres. O mais problemático é que os processos acabam me impedindo de ter novas ideias. Seguimos o manual e não conseguimos pensar de modo diferente. Se pudéssemos olhar para os processos com criatividade, provavelmente eu me sentiria bem menos frustrado do que hoje. Por enquanto, eu só consigo achar que os processos deixam todo mundo menos inteligente".

O que todos esses depoimentos têm em comum? Eles defendem a ideia de que os processos são sempre maçantes e que a saída está no tão falado pensamento fora da caixa. O engraçado é que, embora muita gente acredite nisso, poucos conseguem realmente ter um pensamento de ruptura total. Isso, como já comentei nas páginas anteriores, é para poucos. Contudo, os processos estão aí no dia a dia de todos. Convivemos com eles o tempo todo e, ao menos na teoria, sabemos como lidar com eles – pode não ser do jeito mais eficiente e criativo, mas sabemos como eles funcionam. O necessário, para conseguir pensar melhor **dentro** da caixa e encontrar oportunidades dentro dos processos, é mudar sua elação com esses procedimentos.

No capítulo anterior, você fez um exercício para começar a conhecer melhor a sua caixa. Agora, convido você a fazer um teste para entender a sua relação com os processos. Da união desses dois fatores – caixa e processos – vai nascer o seu sucesso profissional e pessoal.

VOCÊ SE SENTE OPRIMIDO PELOS PROCESSOS?

FAÇA O TESTE ABAIXO E DESCUBRA SE VOCÊ ESTÁ ENCARANDO OS PROCESSOS DA MANEIRA CORRETA.

1. VOCÊ SE SENTE MAL QUANDO PRECISA SEGUIR UM PROCEDIMENTO PARA EXECUTAR UMA TAREFA?

A. Sim
B. Às vezes
C. Não

2. VOCÊ JÁ DESISTIU DE UMA IDEIA PORQUE NÃO ENCONTROU O MODO CORRETO DE EXECUTÁ-LA?

A. Sim
B. Às vezes
C. Não

3. QUANDO PRECISA SOLUCIONAR UM PROBLEMA, VOCÊ TENTA TODAS AS POSSIBILIDADES EXCETO AVALIAR OS PROCESSOS NOS QUAIS A QUESTÃO ESTÁ ENVOLVIDA?

A. Sim
B. Às vezes
C. Não

4. VOCÊ TEM DIFICULDADE PARA ACOMPANHAR AS MUDANÇAS NATURAIS DOS SEUS PROCEDIMENTOS DE TRABALHO?

A. Sim
B. Às vezes
C. Não

5. Quando vai começar uma tarefa nova, você se esquece de estabelecer quais procedimentos deverão ser seguidos?
   A. Sim
   B. Às vezes
   C. Não

6. Você se sente estagnado quando observa com atenção seus processos e tenta entender como eles podem melhorar?
   A. Sim
   B. Às vezes
   C. Não

7. Você se sente paralisado quando para sair de uma crise é necessário reformular os processos com os quais você trabalhava?
   A. Sim
   B. Às vezes
   C. Não

RESPOSTAS

Maioria A
Você ainda tem medo dos processos

É preciso trabalhar esse sentimento para enxergar que os processos são positivos e podem ajudar você a inovar e a encontrar um caminho para o sucesso – seja dentro da empresa na qual você já trabalha, seja como empreendedor.

Maioria B
Você se sente inseguro com os processos

Embora você não tenha medo dos processos, ainda não sabe exatamente como tirar o melhor deles. No entanto, você já tem o mais importante: sabe que os processos podem ajudá-lo nas suas conquistas.

Maioria C
Você já entende os processos

Parabéns! Você já está no caminho para compreender que os processos são parte fundamental da inovação e do sucesso. Você só precisa desenvolver algumas habilidades e conhecer as ferramentas que podem ajudá-lo a tirar o melhor deles.

Agora você descobriu qual é a sua relação com os processos e sabe como se sente em relação a eles. Portanto, vou ensiná-lo a empreender com base nos processos. O grande segredo da inovação e os lucros estão na criação de nichos dentro de nichos. Se parar para pensar, isso foi o que fiz com a IS Log & Service. Eu criei um nicho (entregas de malas expressas) dentro de outo nicho já existente (entrega de mercadorias). Fazer algo assim é muito importante para quem quer empreender e conquistar lucros com mais velocidade. Isso acontece porque quando você aposta na melhoria de um processo que já existe, as chances de dar certo são maiores do que se você criar algo do nada, sem nenhum parâmetro anterior. Entrar em um nicho, como eu fiz, é o caminho para o sucesso.

Para isso, claro, o mais importante é conhecer esse nicho. Quando você entende o mercado e percebe que processos podem ser melhorados, acaba encontrando novas soluções e desenvolvendo bons serviços. Quando comecei a minha empresa, os meus clientes percebiam que eu podia agregar valor ao negócio deles; e o meu serviço era bom, eficiente, seguro, tinha uma qualidade enorme na informação, e o mais importante: trazia um enorme benefício para o cliente, porque conhecíamos bem o mercado em que atuávamos. É isso o que você deve fazer também.

Nas próximas páginas, você vai aprender um passo a passo de como encontrar oportunidades onde ninguém as vê, analisar bem um processo e transformá-lo de algo maçante em algo estimulante.

COMO EMPREENDER DENTRO DO PROCESSO – E ACHAR OPORTUNIDADES ONDE NINGUÉM AS VÊ

1. ANALISE BEM O SEU PROCESSO (OU O SETOR EM QUE QUER EMPREENDER)

O primeiro passo para fazer com que o processo trabalhe a seu favor é conhecê-lo bem. Analisá-lo pode parecer maçante em um primeiro momento, mas é fundamental e vai ajudá-lo a ter, no futuro, bons *insights* que poderão gerar boas oportunidades de negócios. Antes de tudo, pegue um papel ou abra uma planilha no computador para fazer um rascunho de todas as etapas pelas quais seu trabalho precisa passar – todas elas, reunidas, formam o processo total. Nesse documento, detalhe cada uma dessas etapas, e atribua a elas um grau de importância.

Por exemplo, na IS Log & Service, uma das nossas inovações mais importantes veio da análise da etapa das entregas. Eu acreditava que as coletas seriam ainda mais eficientes se, quando entregássemos uma mala expressa, já recebêssemos outra para um próximo trabalho. Isso se chama "logística reversa", mas não era comum no Brasil quando comecei a empreender. Eu analisei o passo a passo do processo e notei essa oportunidade. Com isso ganhei escala, fazendo mais com menos.

> **QUANDO VOCÊ ENTENDE O MERCADO E PERCEBE QUE PROCESSOS PODEM SER MELHORADOS, ACABA ENCONTRANDO NOVAS SOLUÇÕES E DESENVOLVENDO BONS SERVIÇOS.**

Então, analise bem as etapas. Depois, converse com pessoas de sua confiança que trabalham com você. Ao lado delas, atribua um responsável para cada etapa do processo e verifique se você não se esqueceu de alguma etapa importante.

2. Identifique as melhorias que podem ser feitas

Pegue o seu documento que detalha o passo a passo de seu processo e comece a procurar onde estão as falhas. Converse com seus colegas para pedir feedbacks e sugestões de como cada etapa pode ser melhorada. Para isso, faça perguntas como: essas atividades são realmente eficientes? Essa etapa é crucial para o resultado do trabalho? É possível agilizar essa etapa de alguma maneira? Há algum erro de execução nessa etapa? O tempo real gasto nessa etapa está condizente com o resultado da tarefa?

Com as respostas a essas perguntas você encontrará as lacunas do seu processo; e, com base nelas, poderá ter boas ideias para aumentar a eficiência do seu processo atual ou mesmo perceber grandes oportunidades. Eu, por exemplo, quando quase quebrei e precisei analisar todos os processos da minha empresa, notei que faltava um controle de falhas nas entregas e não tínhamos indicadores de desempenho na IS Log & Service. Foi então que escutei uma frase que me fez repensar: "quem não mede não gerencia". Percebendo isso, pude não só solucionar o problema, como implantar uma mudança que me ajudou a ter mais eficiência. Outra etapa que continha falhas era a de conferências, que estava custando muito e dando pouco resultado. Reavaliei o processo e notei que, se automatizássemos o processo, diminuiríamos os custos e aumentaríamos nossa eficiência. Foi o que aconteceu.

3. Implante as mudanças nas quais você acredita

O segredo para que as mudanças deem certo e melhorem o processo que antes parecia chato ou maçante é implantá-las quanto antes. É claro que tentar reinventar todo o processo da noite para o dia não é o melhor caminho e o ideal é implantar as mudanças mais urgentes primeiro. Pegue a sua análise anterior e veja qual é a principal melhoria que deve ser feita, aquela que vai realmente fazer a diferença para seu trabalho. Com isso em mente, estabeleça parâmetros para entender como aquela etapa está sendo feita atualmente – meça o tempo levado na execução e os resultados tangíveis (financeiros, por exemplo) e intangíveis (como motivação e satisfação). Isso é importante para que você tenha uma base de comparação. Agora, faça o teste. Implante a mudança, colha e avalie os mesmos aspectos que observou antes. Compare os resultados e, se forem positivos, você já pode sair da zona de testes para a zona de aplicação.

Muitas vezes, as mudanças geram desconforto nas equipes. Isso é natural. Somos humanos e, quando estamos bem-adaptados a um ambiente, resistimos a sair dele. De acordo com uma pesquisa de Seán Meehan, professor de marketing e gestão do International Institute for Management Development (IMD) – uma escola de negócios suíça – 33% dos profissionais resiste firmemente aos processos de mudanças, mas essa porcentagem pode chegar a até 50%, uma vez que muita gente não se declara abertamente contrária às transformações. Por isso é tão importante ter resultados objetivos das mudanças em mãos. Com eles, você pode mostrar aos envolvidos por que mudar é importante e esperar que eles se adaptem. Os que forem muito resistentes aos novos processos devem ser realocados ou até desligados. Isso pode ser dolorido, mas no longo prazo faz a diferença.

4. Encontre as oportunidades escondidas

Com o mapa do processo nas mãos, fica bem mais fácil encontrar as oportunidades que estão escondidas. Provavelmente, alguns *insights* já terão começado a vir à tona com as perguntas que você respondeu no segundo passo da nossa lista, uma vez que os questionamentos são fundamentais para que as ideias aflorem.

Clayton Christensen, consultor norte-americano, professor da Harvard Business School e especialista em inovação, diz que as perguntas são o ponto de partida para as oportunidades de inovação. Então, com base na análise do seu processo, comece a fazer perguntas mais amplas, como: quais problemas os consumidores do meu produto ou os clientes do meu serviço estão enfrentando com esse processo que eu ofereço? O que posso fazer de diferente para solucionar esses problemas? Quais são as restrições desse meu produto ou serviço? Em geral, segundo Clayton Christensen, as restrições são a chave para encontrar as oportunidades.

Lembre-se do meu caso: a restrição no serviço que eu prestava quando era um agregado de uma empresa de transportes no começo da minha carreira era não ter um serviço de entregas de malas expressas muito seguro, pois as outras empresas compartilhavam esse tipo de entrega com mercadorias, onde o número de sinistros é muito elevado pela falta de informação dos concorrentes. Foi dessa restrição que criei o meu negócio. Percebi que se esse serviço fosse especializado, haveria a melhoria do processo, diminuição do preço – pois com a logística reversa, a entrega é "dois em um" – e eu ganharia escala. Tudo isso veio à minha cabeça ao estudar uma restrição. É isso o que você também deve focar.

5. Treine seu olhar para encontrar boas oportunidades

Não quero dizer para você se tornar um pessimista, longe disso. No entanto, como comentei no tópico anterior, é importante que você veja quais são as falhas do processo, pois é nelas que estão as repostas para as oportunidades de negócio. Para que o seu olhar fique mais afiado e você consiga encontrar boas oportunidades, comece a analisar o que ainda está faltando no serviço ou produto que você oferece. Ou, se você quiser ampliar ainda mais a sua percepção, o que está faltando no mercado em que você atua ou quer atuar. Foi isso o que fiz quando decidi incorporar o uso de transporte aéreo.

> **EM GERAL, SEGUNDO CLAYTON CHRISTENSEN, AS RESTRIÇÕES SÃO A CHAVE PARA ENCONTRAR AS OPORTUNIDADES.**

Esse foi também o raciocínio que Pierre Omidyar, o fundador do Ebay, um grande site de vendas de produtos usados, seguiu. Ele percebeu que muitas pessoas estavam vendendo produtos usados pela internet, mas que havia uma falha no sistema: não existia um agregador de todos os vendedores que pudesse ajudá-los com a logística e o marketing de suas vendas. Identificando a falha no processo, Pierre pensou em uma solução e surgiu o Ebay, em 1995. O site, hoje, está presente em todo o mundo. Por isso, fique de olho nas lacunas. Lá estão as respostas que vão fazê-lo enxergar as oportunidades e alcançar o sucesso.

4

ENTRE DE VEZ NO SEU SISTEMA

Agora que você já entendeu como analisar os processos e encará-los como seus amigos, quero fazer uma observação. Você pode imaginar que o pensamento dentro da caixa serve apenas para quem quer empreender e começar um negócio. Isso não é verdade. É claro que os empreendedores podem (e devem) se apropriar desse método para empreender. No entanto, ele também pode ajudar quem trabalha com carteira assinada, mas quer inovar na empresa em que está.

Esse tipo de comportamento, de quem tem vontade de ser um empreendedor dentro de uma companhia, é chamado de intraempreendedorismo e tem ganhado cada vez mais espaço nas organizações. Afinal, para as empresas, não há nada mais importante do que a inovação. Uma pesquisa da consultoria PricewaterhouseCoopers (PwC), feita em 2013 com 246 CEOs de todo o mundo mostrou que, para 96% deles, a inovação é uma preocupação constante. Para 71% dos executivos da América Latina a inovação e a eficiência operacional dos funcionários são igualmente importantes. No lançamento dos resultados da pesquisa, Federico Servideo, especialista em inovação da PwC, disse algo bem interessante: "A inovação era antes isolada nas áreas de pesquisa e desenvolvimento das empresas. Contudo, os CEOs passaram a entender que ela deve estar no dia a dia dos processos de negócio". Isso significa que inovar virou uma palavra de ordem nas empresas; espera-se que **todos** os funcionários tenham boas ideias. E, para inovar, como já comentei nos capítulos anteriores, não é preciso reinventar a roda, mas encontrar as oportunidades nos processos já existentes. Ou seja, pensar dentro da caixa.

Por isso o intraempreendedorismo é tão importante e tem sido cada vez mais estimulado nas empresas. Um dos maiores teóricos do tema, o norte-americano Gifford Pinchot, estuda o assunto desde os anos 1970 e, em suas análises, chegou a uma conclusão simples: as empresas que mais inovam são as que mais incentivam seus funcionários a empreender internamente – como é o caso da 3M. A fabricante de adesivos tem uma história surpreendente de intraempreendedorismo, que data dos anos 1920. Um dos funcionários da empresa, Richard Drew, trabalhava na área de produção de lixas e tinha uma função bem simples: testar as lixas fabricadas naquele setor. Contudo, ele vivia de olho no setor de tintas, que ficava ao seu lado na fábrica. As pessoas desse departamento tinham uma dificuldade enorme em proteger algumas partes do carro no processo de pintura. Para isso, elas colocavam algumas fitas, mas a cola era tão forte que, quando a fita era removida, a pintura do carro ficava cheia de imperfeições. Engenheiro por formação, Drew viu que ali existia um problema (as famosas brechas do processo) e resolveu investir parte de seu tempo livre para tentar encontrar uma solução. Teste vai, teste vem, Drew inventou a fita adesiva, em 1925. Ele mostrou o projeto para seus chefes que ficaram boquiabertos e decidiram que, a partir daquele dia, todos os funcionários técnicos tinham o direito de dedicar 15% do seu tempo a um projeto individual que pudesse ser importante para o desenvolvimento de produtos e solução de problemas da empresa. Numa dessas, surgiu nada mais nada menos do que o famoso Post-it.

VOCÊ É UM EMPREENDEDOR DENTRO DA SUA EMPRESA?

É claro que ser um empreendedor dentro de empresas é mais fácil quando as companhias estimulam esse comportamento. Contudo, mesmo quando não há tanto espaço assim, os intraempreendedores se destacam. Por quê? Simplesmente porque eles têm características muito valorizadas no mercado. Nem todo mundo tem perfil de intraempreededor. Segundo um estudo de Marcos Hashimoto, professor do Insper e especialista no assunto, apenas 15% dos empregados das empresas são naturalmente empreendedores. No entanto, ainda de acordo com o professor, os outros 85% podem ser treinados para se tornar empreendedores.

Um profissional com esse perfil, em geral, tem algumas características marcantes. A seguir, você vai conhecê-las e descobrir se está no caminho para se tornar um intraempreendedor.

1. TER O OLHAR DE DONO

Uma das características mais importantes e que recomendo que todos desenvolvam é a tão falada "olhar de dono". Ter essa visão significa que o funcionário encara a empresa como se ele mesmo fosse o presidente. Com essa postura, a pessoa se preocupa em olhar a empresa como um todo e não só em fazer as atividades básicas da sua atribuição. Quem tem olhar de dono se sente mais tentado a entrar de vez nos processos da empresa para encontrar as falhas, as melhorias e as oportunidades. Essa mentalidade ajuda, é claro, no crescimento profissional. Se você começar a encontrar soluções para problemas, como fez Richard Drew na 3M, vai contribuir com duas coisas: com os resultados da empresa e com a própria empregabilidade – afinal, seus colegas, chefes e o mercado vão reconhecê-lo como alguém que não tem medo de colocar a mão na massa e é capaz de ter ideias interessantes e inovadoras.

Para desenvolver essa característica é importante se identificar com a empresa em que você trabalha. Quando não houver essa identificação, dificilmente será possível desenvolver o olhar de dono – porque você só vai querer ser dono de algo que o apaixone. Se, porém, você é apaixonado pelo que faz, a dica é ser mais ativo. Faça o exercício de análise do processo que ensinei no capítulo 3 para identificar quais dos problemas existentes no seu trabalho podem ser solucionados por você. Vale também dar uma olhada em outras áreas para ver se há alguma coisa que você possa fazer para ajudar na solução de um problema ou na implantação de uma nova ideia – tenha cuidado, porém, para não parecer intrometido.

Na IS Log & Services, tento estimular esse comportamento entre os colaboradores. Temos uma prática chamada Clube de Ideias em que todos os funcionários podem enviar sugestões que tragam alguma melhoria ou impulsionem a rentabilidade da empresa. As ideias são analisadas por um comitê e as melhores são premiadas com valores diferentes de acordo com cada projeto, sejam eles redução de custo, melhorias de processos operacionais ou melhoria de relacionamento. É uma maneira que encontrei de aumentar a vontade da equipe de desenvolver o olhar de dono.

2. SER PERSISTENTE, MAS NÃO TEIMOSO

Esta é uma característica importante tanto para os intraempreendedores como para os empreendedores. Se eu não tivesse sido persistente e insistido na minha ideia de fundar a IS Log & Services, não estaria aqui hoje escrevendo este livro. E, ter persistência também é fundamental para empreender dentro de uma empresa. Contudo, é muito importante saber que há diferenças entre ser perseverante e ser teimoso. O perseverante tem um norte para seus objetivos, acompanha os resultados da ação e consegue definir até onde pode ir sem se prejudicar. O teimoso, mesmo quando não encontra saídas para os problemas que surgem no caminho e o projeto não dá sinais de progredir continua tentando porque se apegou demais ao empreendimento. No entanto,

> **QUEM TEM OLHAR DE DONO SE SENTE MAIS TENTADO A ENTRAR DE VEZ NOS PROCESSOS DA EMPRESA PARA ENCONTRAR AS FALHAS, AS MELHORIAS E AS OPORTUNIDADES. ESSA MENTALIDADE AJUDA, É CLARO, NO CRESCIMENTO PROFISSIONAL.**

quando a persistência está equilibrada, o profissional entende se é hora de fazer ajustes na rota ou de continuar no mesmo caminho. Com isso, o intraempreendedor consegue contagiar positivamente os colegas e os chefes com suas ideias. E ter uma equipe que apoia o que você propõe é essencial para o empreendedor em uma empresa.

3. Fazer mais do que esperam de você

Sabe a famosa proatividade? Pois bem, ela nada mais é do que fazer mais do que esperam de você; algo crucial para quem quer empreender. Imagine se Richard Drew, da 3M, tivesse ficado apenas testando as lixas – trabalho para o qual ele foi contratado. Provavelmente, nós teríamos de ficar mais uns bons anos sem a fita adesiva, até que outra pessoa a tivesse inventado. Um bom primeiro passo para ser mais proativo é ouvir mais. Às vezes, temos tantas tarefas, tantas obrigações, que entramos em uma bolha e só conseguimos pensar sobre os próprios problemas. Contudo, ouvir os outros nos ajuda a ampliar os horizontes e, consequentemente, a ter mais ideias.

> **TER PERSISTÊNCIA TAMBÉM É FUNDAMENTAL PARA EMPREENDER DENTRO DE UMA EMPRESA. CONTUDO, É MUITO IMPORTANTE SABER QUE HÁ DIFERENÇAS ENTRE SER PERSEVERANTE E SER TEIMOSO.**

Tente fazer um esforço e pergunte aos seus colegas se eles estão tendo algum problema e se você pode ajudá-los de alguma forma. Além de demonstrar proatividade e interesse, esse gesto também pode ser benéfico para você mesmo. Não é raro que, em momentos de troca de experiências e observações, surjam ideias para solucionar outras questões que nos incomodavam havia meses, ou que dentro de processos que já tínhamos analisado várias vezes enxerguemos oportunidades de começar um novo negócio.

4. Compartilhar sua experiência com os outros

Hoje em dia se diz muito que não há inovação sem colaboração. Isso é a mais pura verdade. Colaborar significa se conectar com as outras pessoas, ouvir o que elas têm a dizer e compartilhar sua experiência. Muitas pessoas não gostam de contar suas ideias para os outros porque têm medo de que seus *insights* sejam roubados. No entanto, trocar informações e percepções aumenta a capacidade criativa. Cada um tem um olhar diferente e a troca pode ajudar qualquer pessoa a complementar uma ideia ou a superar um obstáculo. Em uma empresa isso é ainda mais importante, pois ninguém faz nada sozinho.

Na Ambev, por exemplo, os funcionários são estimulados a trocar ideias e a fazer sugestões de melhorias. As melhores ideias são premiadas e implantadas. Foi numa dessas trocas que um colaborador sugeriu uma mudança no método da fabricação de cerveja que fez com que a companhia diminuísse pela metade o uso de água. Sem a colaboração, esse profissional não teria tido essa ideia. Por isso, comece a dividir mais o que você sabe. Ter interlocutores é fundamental para estruturar bem a sua ideia e formar um time que o ajude a defendê-la quando necessário.

Esse comportamento está sendo cada vez mais requisitado no mercado. Basta pensar nas grandes empresas que usam a colaboração como forma de trabalho – os casos mais emblemáticos são o Uber nos transportes, e o Airbnb nas hospedagens. Na IS Log & Services eu sempre acreditei que esse modelo é o caminho para o futuro. Desde a fundação, criei o método de rotas compartilhadas e da logística reversa, isto é, carregar no mesmo veículo as malas expressas de várias empresas – inclusive de empresas concorrentes – e aproveitar uma mesma viagem para entregar e coletar documentos. Pensei nessa estratégia como forma de economia de preço para o cliente e de gastos com combustível para a empresa. Em um primeiro momento, não foi fácil convencer os clientes que achavam que as malas expressas juntas não seria um método seguro, pois poderia haver vazamento de informações. Contudo, como o preço era atraente, eles começaram a comprar a ideia. Hoje, por causa desse diferencial, consigo fazer uma média de noventa entregas por dia com o mesmo veículo.

5. Tirar as ideias do papel

Ao longo deste capítulo, vou mostrar como estruturar um plano de ação para colocar sua ideia em pé – seja ela de empreendedoris-

> **COMECE A DIVIDIR MAIS O QUE VOCÊ SABE. TER INTERLOCUTORES É FUNDAMENTAL PARA ESTRUTURAR BEM A SUA IDEIA E FORMAR UM TIME QUE O AJUDE A DEFENDÊ-LA QUANDO NECESSÁRIO.**

mo, seja de intraempreendedorismo. Isso é essencial. É preciso ter vontade de fazer e de realizar. Apenas pensar no que pode ser não faz ninguém sair do lugar. Assim, além de ser um bom teórico, você tem de aprender a ser um bom executor. Quem tira as ideias do papel é que faz a diferença.

Pode ser aos poucos, com pequenos testes que demonstrem que a sua ideia tem tudo para dar certo no futuro. No entanto, fique atento ao próximo tópico, pois ali estão os conselhos para estruturar sua ideia e transformá-la em realidade.

VOCÊ SE CONHECE DE VERDADE?

Antes de entrarmos no passo a passo para a estruturação da sua ideia de projeto ou empreendimento, preciso fazer uma pergunta: você se conhece de verdade? Essa questão pode parecer simples, mas responder detalhadamente a ela é crucial para o seu sucesso pessoal e profissional.

Quando você começa a analisar o processo, passa também a ter mais domínio sobre a sua caixa. E, como eu disse anteriormente, ela engloba tudo o que você é: seu trabalho, seus relacionamentos pessoais, seus sonhos, suas ambições, suas frustrações, suas competências, seus desejos. A caixa é a sua vida, não se esqueça disso. Por isso é tão importante pensar dentro dela, porque é ali que estão todas as suas respostas.

Voltando, porém, à minha pergunta: você se conhece de verdade? Faça essa reflexão. O autoconhecimento demanda esforço – porém, como você já está se dedicando a pensar sobre processos e a encontrar as oportunidades, as brechas de negócios, não custa nada se esforçar mais um pouco para pensar sobre você mesmo.

Nessas análises que estamos fazendo, é normal que você acabe descobrindo algumas coisas sobre si mesmo. Em um primeiro momento, você pode perceber quais são suas grandes dificuldades e frustrações. Temos a tendência de notar primeiro o que está ruim para, só depois, ver o que está bom. Isso é normal e tem um lado positivo: logo de cara notamos onde precisamos melhorar. E, se alguma dessas fraquezas está atrapalhando o seu desejo de fazer algo, você pode montar um plano de ação para diminuí-la ou eliminá-la.

De todo modo, para se analisar profundamente é preciso mergulhar em si mesmo. Essa é uma das grandes virtudes do bom empreendedor: ele não tem medo de pensar sobre quem é e o que deseja. E existem algumas ferramentas para deixar essa tarefa mais fácil. Não vou dizer que é um exercício simples, mas algumas dicas podem ajudá-lo.

* LISTE SUAS QUALIDADES E SEUS PONTOS FRACOS. Coloque tudo isso no papel ou em um documento no seu computador para que consiga visualizar bem o que você tem de melhor e de pior.

* FAÇA UM PLANO DE AÇÃO PARA SEUS PONTOS FRACOS. Ninguém é perfeito nem tem todas as competências igualmente desenvolvidas. Algumas delas, como a proatividade, a coragem para correr riscos, a persistência e a capacidade de liderança, precisam ser trabalhadas caso você queira empreender ou tirar um projeto do papel. Se você notar que precisa trabalhar alguma dessas habilidades, desenvolva um plano de ação para melhorá-las. Caso queira desenvolver sua proatividade, por exemplo, você pode fazer cursos específicos para isso, ou mesmo se voluntariar para representar as reivindicações dos colegas da sua turma da faculdade perante a diretoria para treinar a habilidade de liderança. No entanto, se não conseguir desenvolver completamente a competência que queria – o que é normal – você pode procurar alguém para ser seu braço direito naquele aspecto. Eu, por exemplo, sempre tive muita dificuldade com negociações. Nunca tive o perfil de barganhador. Contudo, isso é muito importante quando você está começando e tem poucos recursos para investir. Então, o que eu fiz? Deleguei essa tarefa a alguém que tinha a competência. Com isso as coisas começaram a fluir melhor. Se eu tivesse continuado a "dar murro em ponta de faca", teria perdido bons negócios simplesmente por não ter a humildade de entender que eu não sou um bom negociador.

* INVESTIGUE SUAS PAIXÕES. Para empreender, você precisa ser apaixonado pelo negócio que escolher. De verdade. Afinal, vai despender muito do seu tempo com ele e vai gastar muita energia para colocá-lo de pé. Só a paixão segura tanta dedicação. Pense no que você gosta e se pergunte: como as minhas competências podem se combinar com a minha paixão? É desse casamento que nascem os bons negócios.

* ENTENDA O QUE VOCÊ NÃO QUER (OU NÃO PODE) FAZER. Tão importante quanto saber quais são as suas paixões, é saber com o que você não se dá bem – seja por falta de interesse, seja por falta de habilidade. Eu, por exemplo, adoro ir a restaurantes, mas não tenho a competência necessária para cozinhar, então, abrir um restaurante está fora de cogitação para mim. Ter essa consciência é fundamental para que você não entre de cabeça em algo que não combina com seu perfil. Pense também em qual seria seu papel dentro da empresa que quer abrir. Pense nisso no longo prazo: seu papel será o de administrador? O de vendedor? O de estrategista? Pense em todas as possibilidades para desenhar como seria a sua atuação e como seria a sua equipe ideal.

Separe um tempo para fazer este exercício de autoanálise. Ele será importantíssimo para seu futuro, será seu guia de decisões e de mudanças de rota. Tudo o que você fizer tem de estar alinhado às suas competências e às suas paixões.

FAÇA VOAR

Com a sua ideia em mãos, é hora de estruturar um plano para tirá-la do papel e transformá-la em realidade. Como você já começou a pensar há um tempo sobre o projeto que quer criar e os processos envolvidos nele, muita coisa já está na sua cabeça. O difícil mesmo é concretizar tudo isso. Portanto, vou ajudá-lo com um passo a passo. Você vai ler nas próximas páginas tudo o que você precisa saber antes de empreender.

PLANO DE NEGÓCIOS E PLANEJAMENTO ESTRATÉGICO

A primeira etapa pode parecer meio frustrante para quem quer logo colocar a mão na massa, mas para que o seu negócio comece com o pé direito é crucial que você desenhe um bom plano de negócios. Pular essa etapa e tentar entrar de cara no empreendedorismo pode acabar com as suas chances de sucesso. Uma pesquisa do Sebrae sobre as causas de mortalidade das empresas, feita em 2014 com 1.829 empreendedores, mostra que um dos três principais fatores para o fracasso são os erros no planejamento. Segundo o estudo, muitos empreendedores não fazem planejamento prévio e não levantam informações relevantes sobre o negócio: 46% não sabiam o número de clientes que teriam e os hábitos de consumo desses clientes; 39% não sabiam qual seria o capital de giro necessário para abrir o negócio; 38% não sabiam o número de concorrentes que teriam; e 31% não sabiam o investimento necessário para o negócio. Contudo, o número mais impressionante é o seguinte: 55% dos empreendedores que tiveram seus negócios fechados não elaboraram um plano de negócios! Ou seja, mais da metade dos empreendedores que precisaram fechar as portas o fizeram porque, em primeiro lugar, não se dedicaram a traçar um bom plano. O mercado reconhece isso. Na mesma pesquisa do Sebrae, 36% dos empreendedores com empresas abertas e 49% dos empreendedores com empresas fechadas disseram que fazer um bom planejamento é essencial para o sucesso de uma empresa.[1]

Eu mesmo preciso assumir minha falha nesse quesito. Quando comecei a IS Log & Service, não tinha um plano tão estruturado quanto o que tenho hoje. Eu era muito jovem e inexperiente, então, acabei seguindo muito o meu instinto e aprendendo na prática. Trabalhei duro e, com fé, consegui fazer a empresa crescer. Em 2013, porém, precisei contratar uma consultoria para me ajudar a profissionalizar a gestão e melhorar a eficiência da empresa. No capítulo 5, vou contar como

> **É PRECISO CORAGEM PARA TIRAR OS PLANOS DO PAPEL E NEM SEMPRE ESSE PROCESSO É MUITO RACIONAL, ENTRETANTO, A MINHA EMPRESA JÁ ESTAVA GRANDE E EU QUASE COLOQUEI TUDO A PERDER POR NÃO TER ESTRUTURADO O CRESCIMENTO DELA.**

faço a gestão da companhia hoje. No entanto, eu sei que, se tivesse feito um plano de negócios mais estruturado no começo, talvez eu tivesse tido mais tranquilidade nos primeiros anos e não precisasse contratar uma consultoria para me ajudar. Para ter uma ideia, em 2009 decidi abrir cinco filiais de uma só vez, sem nenhum planejamento. Como eu estava acostumado a agir pelo meu instinto – o que não é errado no começo de um empreendimento – eu nem

---

1. Disponível em: <http://www.sebraesp.com.br/arquivos_site/biblioteca/Estudos-Pesquisas/mortalidade/causa_mortis_2014.pdf>. Acesso em: 1º jul. 2016.

me preocupei em estruturar um plano de crescimento. É preciso coragem para tirar os planos do papel, nem sempre esse processo é muito racional, entretanto, a minha empresa já estava grande e eu quase coloquei tudo a perder por não ter estruturado o crescimento dela. Abrir as filiais era importante naquele momento, pois eu estava deixando de atender alguns clientes por não atuar nas regiões em que havia demanda. O problema é que para começar a ampliar o serviço para outras capitais, precisava de dinheiro que eu não tinha. No entanto, nem pensei sobre isso; apenas abri as filiais. O rombo no orçamento foi gigantesco, e quase precisei fechar a empresa. Isso só não aconteceu porque as filiais responderam bem, alavancaram contratos e deram lucros que salvaram a empresa. Se eu tivesse estruturado a expansão no meu plano de negócios, esse período poderia ter sido menos dolorido.

O plano de negócios nada mais é do que uma espécie de mapa que o ajudará a guiar o crescimento de sua empresa. Veja a seguir as principais informações que precisam constar em seu planejamento.

Objetivo

Se quer empreender, você tem um objetivo que quer atingir. E, se seguiu os conselhos deste livro e fez o passo a passo de análise de processo e de observação de oportunidades, provavelmente já sabe o que quer alcançar. Então, coloque a sua meta no papel detalhadamente. Ela tem de ser clara para você e, no futuro, para as pessoas que forem trabalhar ao seu lado. Nesse tópico, descreva o que é a sua empresa e qual é a missão dela.

Investimento

Estime quanto você precisará investir para tirar a empresa do papel. Ou, se for um intraempreendedor, qual será o valor do orçamento do seu projeto. Além do aporte inicial, leve em consideração o capital de giro, isto é, quanto você precisará ter mensalmente para injetar no crescimento da sua empresa. No quadro a seguir você aprenderá como levantar dinheiro para o primeiro investimento no seu negócio.

ONDE CONSEGUIR DINHEIRO PARA ABRIR SEU NEGÓCIO

1. VENDA ALGUMA COISA: você pode não ter uma poupança, mas talvez tenha algum bem que pode ser vendido e transformado em capital. Pode ser um carro ou uma moto, por exemplo. Muitas vezes, é preciso fazer o sacrifício de ficar sem um conforto pessoal para conquistar algo maior e mais importante.

2. PEÇA UM EMPRÉSTIMO: antes de procurar um banco, tente conseguir o dinheiro com alguém da sua confiança, como eu fiz com o meu amigo e primeiro sócio. No entanto, tome cuidado e procure uma pessoa que realmente abrace a sua ideia e em quem você confie; além disso, estabeleça um contrato para fazer o pagamento no futuro. Se você não tiver ninguém a quem pedir, procurar um banco pode ser a alternativa. Nesse caso você deve ter um planejamento bastante estruturado para conseguir o crédito e precisa estar atento às taxas de juros para não se prejudicar no futuro.

> **3. Procure uma incubadora:** se a sua ideia for um empreendimento tecnológico, uma boa alternativa são as incubadoras. No Brasil existem várias delas, ligadas principalmente a universidades e a instituições que incentivam o empreendedorismo. Nelas os empreendedores conseguem entrar em contato com possíveis investidores.

CRESCIMENTO

Faça um estudo das empresas concorrentes e de companhias e pessoas que o inspiram e uma estimativa de quanto de crescimento sua empresa ou seu projeto terá nos primeiros cinco anos. Para isso, leve em consideração o crescimento de receita, de clientes, de lucro e de sua participação no mercado em que estará inserido.

PÚBLICO-ALVO

Quem a sua empresa ou seu projeto visa atender? Escreva, detalhadamente, quem é seu consumidor ou cliente. Se sua ideia é voltada para pessoas físicas, pense sobre classe social, gênero, comportamentos e formação desses consumidores. Caso ela seja voltada para empresas, detalhe que tipo de companhias serão mais bem atendidas por você, quais são as áreas com quem você deve conversar e em quais setores essas empresas atuam.

CONCORRENTES

É preciso saber com quem você vai brigar. Analise seus concorrentes, estude o que eles fazem de melhor e em que poderiam melhorar. Depois, pense em como você pode se diferenciar de todos. Dedique um bom tempo a essa análise, pois com ela você pode ver como está o mercado e quais estratégias podem funcionar ou não.

MODELO DE NEGÓCIO

Pense como a sua empresa ou seu projeto vai atuar no dia a dia. Se for vender um produto, considere fatores como: as vendas serão em uma loja física ou pela internet? A loja funcionará todos os dias da semana? Preciso de quantos funcionários? Qual o preço ideal para o meu produto? Preciso desenhar um plano de marketing do meu produto? No caso de um serviço, faça questionamentos como: de que modo posso prospectar clientes? Quanto vou cobrar pelo serviço que pretendo oferecer? Qual é a melhor maneira de otimizar meus custos? Como posso vender meu serviço para me diferenciar dos concorrentes?

ÁREAS NECESSÁRIAS

Veja quais áreas deverão ser criadas na sua empresa em um primeiro momento: vendas, recursos humanos, finanças, marketing, comunicação, jurídico? Pense na estrutura no longo prazo: de quantos funcionários cada uma dessas áreas precisará, quais serão as atribuições de cada uma delas e como podem contribuir com o objetivo principal da sua empresa. Crie também indicadores que possam ajudá-lo a ver se essas áreas estão caminhando na direção correta.

REVISÕES

O plano de negócios é um documento vivo, não basta fazê-lo no começo do projeto e depois jogá-lo na gaveta. Deixe um espaço para revisões. Alguns planos precisarão ser modificados, outros inseridos: conforme você for colocando, a empresa ganha vida. Às vezes, uma ideia pode se transformar em outra e um indicador pode sofrer ajustes. Por isso, revise sempre o seu plano. Ele é um mapa, mas as ruas podem mudar de direção e as novas informações precisam ser atualizadas.

5

ESTABELEÇA SEU PLANO DE VOO

Vamos fazer um exercício. Quantas vezes, nesta semana, você já reclamou da sua rotina? Aposto que não foi uma só... Reclamar da rotina é muito fácil, principalmente no trabalho. Não importa se é empreendedor, executivo ou funcionário, todo mundo reclama da rotina. Ao longo dos meus anos de experiência como empreendedor, notei que em geral reclamamos da rotina quando ela está mal estabelecida. É claro que, às vezes, sentimos uma comichão para fazer as coisas de modo totalmente diferente do que é usado hoje. No entanto, quando a rotina está bem organizada, os resultados aparecem com mais velocidade e nos sentimos motivados porque enxergamos rapidamente que nossas ações estão se transformando em algo palpável – seja uma tarefa do dia a dia que é concluída com rapidez e excelência ou uma venda fechada, seja uma apresentação feita com sucesso.

O grande problema é que, na maioria dos casos, as rotinas são o caos. Quando isso acontece, a vida das empresas (e dos funcionários ou empreendedores) se torna tão caótica quanto a rotina em que ela está inserida. Imagine trabalhar em um local em que a diretoria não estabelece objetivos, os funcionários chegam para trabalhar e não sabem o que fazer, os projetos começam e nunca terminam... Pode parecer um retrato demasiadamente pessimista, mas muitas empresas são assim. Não é à toa que, naquela mesma pesquisa sobre mortalidade de empresas do Sebrae, citada no capítulo 4, o terceiro motivo pelo qual as companhias fecham no Brasil é a falta de inovação em processos e procedimentos. Ou seja, é a falta de dedicação a uma gestão da rotina.

O termo "gestão da rotina" é bem conhecido no mundo da administração. Um dos grandes defensores dessa prática é o consultor brasileiro Vicente Falconi, dono da Falconi Consultores de Resultados. Ele disse, em uma entrevista para a revista *Época Negócios*, que a gestão da rotina é algo que "não tem charme e dá muito trabalho, mas tem que ser feito se a organização quiser avançar além da mediocridade; 100% dos problemas operacionais decorrem da rotina."[2] Para ele, as empresas pecam nesse aspecto e acabam perdendo milhões. Era o que acontecia com a companhia de papel e celulose Suzano antes de a Falconi realizar um trabalho pesado de revisão de processos e de gestão da rotina. O esforço de estabelecer melhores processos e de olhar com lupa os procedimentos do dia a dia fez com que a empresa economizasse 40 milhões de reais em dois anos. Um valor considerável, não?

Outro *case* que mostra a importância da gestão da rotina vem da Cosin Consulting, uma consultoria de São Paulo. A história é bem interessante e é contada no site deles. Os profissionais da empresa foram contratados por uma multinacional norte-americana para fazer uma melhoria dos fechamentos financeiros. O grande problema

---

2. Disponível em: <http://epocanegocios.globo.com/Revista/Common/0,,ERT 207394-16360,00.html>. Acesso em: 1º jul. 2016.

da companhia era a falta de formalidade e a concentração das tarefas nas mãos de poucos profissionais – esses hábitos estavam fazendo com que a firma perdesse dinheiro. Eles precisavam de mais controle, pois, por serem de capital norte-americano, estavam vinculados às regras de uma lei chamada "Sarbanes-Oxley (SOX)". Essa lei é bastante rigorosa e exige que empresas de capital aberto com ações nas bolsas de valores (ou com negociação na bolsa norte-americana, a Nasdaq) comprovem a veracidade e a idoneidade de seus balanços com indicadores de gerenciamento dos processos internos. Quer dizer, sem uma gestão da rotina detalhada, a empresa estava correndo risco de ser punida. A Cosin Consulting entrou para ajudá-los com isso e implantou algumas das ações que vou ensinar a você nas próximas páginas. Os consultores mapearam procedimentos, reviram funções e implantaram controles mais rigorosos, entre outras providências. O resultado foi maior agilidade no fechamento dos balanços, tarefa que ficou muito mais objetiva, simples de ser realizada e monitorada.

Por tudo isso, é tão importante fazer uma boa gestão da rotina. Com ela, você economiza tempo e dinheiro e ainda aumenta a produtividade. Eu sei que, na correria do dia a dia, é fácil deixar o gerenciamento de lado para resolver pendências e urgências que aparecem de repente. Estamos apagando fogo o tempo todo e, quando percebemos, nosso tempo está tomado apenas pelo o que é urgente e não pelo o que é de fato importante. Isso acontece até com grandes executivos.

Certa vez, Marcio Utsch, presidente da Alpargatas (a fabricante das Havaianas), disse que um dia se deu conta de que estava organizando sua rotina de modo totalmente errado. Tudo o que ele fazia era resolver pendências. Então, ele começou a se questionar: se estava só apagando incêndios, como poderia pensar sobre o futuro da companhia

> **ESTAMOS APAGANDO FOGO O TEMPO TODO E, QUANDO PERCEBEMOS, NOSSO TEMPO ESTÁ TOMADO APENAS PELO O QUE É URGENTE E NÃO PELO O QUE É DE FATO IMPORTANTE. ISSO ACONTECE ATÉ COM GRANDES EXECUTIVOS.**

e desenvolver pessoas? A solução que ele encontrou foi dividir o dia em atividades que se agrupam em quatro cores: azul, para atividades relacionadas aos rumos dos negócios, que precisaria ocupar de 30% a 40% de seu tempo semanal; verde, em que ele se dedicaria aos seus funcionários, e também deveria ocupar de 30% a 40% de seu tempo semanal; vermelho, em que ele resolveria as urgências, e que não poderia ultrapassar 20% de seu tempo semanal; e branco, em que ele se dedicaria a compromissos pessoais. Marcio Utsch segue essa separação à risca em seu dia a dia para conseguir dar conta de tudo e organizar a rotina. O que o executivo fez é uma gestão pessoal da rotina. Na Alpargatas há também controles diários de trabalho que ajudam na organização da empresa.

TRANSFORME-SE EM UM PILOTO

Apelidei essa gestão de rotina de plano de voo porque gosto de encarar o dia a dia de uma empresa com o ato de pilotar um avião. Nenhuma aeronave sai do chão se o piloto não fizer uma série de procedimentos que precisam ser cumpridos em uma ordem preestabelecida. Quando algo foge do padrão, o piloto visualiza o problema logo de cara, pois tem uma sequência de etapas a cumprir. Isso faz com que ele perceba um possível erro antes de tirar o avião do solo e dá segurança a todos. Durante a viagem, o plano de voo mostra a rota correta a seguir, o consumo de combustível previsto até o local do pouso e o tráfego aéreo na região. Há, ainda, alguns detalhes importantes, como aeroporto de decolagem e aeroporto de destino, tempo estimado do voo, número de passageiros a bordo e pontos geográficos que podem auxiliar o piloto a se manter no caminho correto. Todos os indicadores necessários, bem como todos os detalhes do que fazer estão ali. E é esse plano de voo que deve ser replicado na rotina de uma empresa, ou mesmo de um grande projeto em uma companhia. Hoje, todos os meus funcionários têm seus diários de bordo e sabem exatamente o que fazer naquele dia. Eu também tenho o meu e o sigo à risca. A primeira coisa que faço quando chego na empresa é abrir o meu diário de bordo e verificar quais são as atividades que preciso cumprir. Uma das mais importantes é observar as falhas nas entregas, entender por que elas aconteceram e procurar a solução do problema.

É claro que eu não sabia disso quando comecei a empreender. Eu achava que as coisas surgiriam naturalmente e que, com base nas necessidades, eu tomaria uma decisão. No entanto, a empresa cresceu e não éramos mais apenas duas pessoas; hoje, contamos com 340 funcionários. No processo de crescimento, para que as coisas ficassem mais eficientes, cada um dos colaboradores precisava saber exatamente o que fazer a cada dia. Notei que, se isso fosse feito, eu teria mais eficiência, os rendimentos cresceriam e poderíamos minimizar os erros e os desvios de rota. Por isso, profissionalizei a gestão no início de 2013 e comecei a fazer um plano detalhado de gerenciamento da rotina, o qual vou dividir com você agora.

DETALHE TODAS AS ÁREAS

Uma empresa, por menor que seja, precisa ser dividida em áreas e cada uma delas deve ter sua visão, sua missão e a descrição de fornecedores e clientes internos. Mesmo que nessa empresa você tenha

86 ■ PENSE DENTRO DA CAIXA

um único sócio, vocês vão atuar em setores distintos – e o pensamento de cada um deverá ser diferente para cada setor de atuação. As áreas mais comuns costumam ser finanças, administração, vendas e produção. Defina quais serão as principais áreas que sua empresa precisará ter e detalhe a função de cada uma delas. Na IS Log & Services, fiz um trabalho intenso no detalhamento das áreas. Cada um dos profissionais que trabalha na empresa sabe qual é, por exemplo, a missão e a visão do seu setor. A missão geral da empresa é: "Proporcionar aos novos clientes excelência na prestação de serviços de transporte e logística. Proporcionar aos nossos colaboradores a oportunidade de realização pessoal e profissional". Entretanto, a missão da área de vendas é: "Captar nossos negócios através de prospecção e apresentação da empresa, elaboração de proposta garantindo uma excelência no pós-atendimento". A visão geral da companhia é: "Ser a melhor e maior empresa privada de transporte e logística de mala expressa e documentos corporativos". Contudo, a visão da área de vendas é: "Garantir o contínuo crescimento, almejando crescer 20% referente ao ano de 2020". É evidente que há sincronia entre as missões e as visões; elas não poderiam ser diferentes, pois todos trabalham por um objetivo comum. Cada área, porém, tem suas especificidades e é importante que isso fique claro.

No geral, a missão e a visão da empresa são muito importantes e devem ser definidas por todos os empreendedores. Elas são os pilares da companhia e, nos momentos de tensão, dúvida ou estresse, lembrar-se delas é essencial para manter as coisas no rumo certo e não perder de vista a razão de ser da companhia.

Veja, por exemplo, a Natura, uma empresa brasileira de cosméticos, que busca ajudar as pessoas a melhorar sua qualidade de vida e sua relação com o meio ambiente; a missão dela é: "Nossa razão de ser é criar e comercializar produtos e serviços que promovam o

Bem-Estar/Estar Bem. Bem-Estar é a relação harmoniosa, agradável, do indivíduo consigo mesmo, com seu corpo. Estar Bem é a relação empática, bem-sucedida, prazerosa, do indivíduo com o outro, com a natureza da qual faz parte e com o todo". Em poucas frases, a empresa definiu aquilo que busca. Já a visão mostra quais são os grandes objetivos da companhia e qual é sua razão de ser. Fiquemos no mesmo exemplo da Natura. Sua visão é: "A Natura, por seu comportamento empresarial, pela qualidade das relações que estabelece e por seus produtos e serviços, será uma marca de expressão mundial, identificada com a comunidade das pessoas que se comprometem com a construção de um mundo melhor através da melhor relação consigo mesmas, com o outro, com a natureza da qual fazem parte e com o todo". Visão e missão, juntas, são os pilares das decisões empresariais.

> **NO GERAL, A MISSÃO E A VISÃO DA EMPRESA SÃO MUITO IMPORTANTES E DEVEM SER DEFINIDAS POR TODOS OS EMPREENDEDORES. ELAS SÃO OS PILARES DA COMPANHIA E, NOS MOMENTOS DE TENSÃO, DÚVIDA OU ESTRESSE, LEMBRAR-SE DELAS É ESSENCIAL PARA MANTER AS COISAS NO RUMO CERTO E NÃO PERDER DE VISTA A RAZÃO DE SER DA COMPANHIA.**

O mesmo pode ser dito das missões e dos valores específicos das áreas de uma empresa. Elas ajudam os profissionais a ter clareza sobre quais são seus objetivos e de que maneira vão colaborar com a empresa como um todo. Pense a respeito e coloque isso no papel. É interessante que essas frases fiquem à vista de todos, para que se

DEFINA OS INDICADORES DO SEU NEGÓCIO

Talvez você já tenha trombado com a sigla KPI. As três letras representam as palavras *Key Performance Indicator*, ou, em português, "chave para os indicadores de performance". Os KPIs são muito importantes para o dia a dia de uma empresa. Com eles é possível ter uma visão específica de como as áreas da uma empresa estão indo – e, da junção das áreas, claro, tem-se a percepção do crescimento total da companhia.

Em palavras mais claras, os indicadores são aqueles números que provam se uma companhia está ou não indo bem. Um dono de restaurante pode ter como indicador principal o número de clientes atendidos na semana; o proprietário de um *e-commerce*, o número de compras realizadas no mês; quem está à frente de uma empresa de realização de vídeos, o número de novos clientes conquistados no trimestre. Na IS Log & Services, tenho mais de oitenta indicadores

> NO COMEÇO, O IDEAL É TER ENTRE TRÊS E CINCO INDICADORES PRINCIPAIS – UM PARA CADA ÁREA PRINCIPAL DA EMPRESA.

que são avaliados em uma reunião mensal por mim e pelos líderes de cada área. Nós conversamos sobre o assunto durante dois dias inteiros. Entretanto, na minha rotina diária, avalio cinco grandes indicadores: número de entregas realizadas, número de ocorrências nas entregas (como, por exemplo, atrasos), quantidade de horas extras dos funcionários, entrada ou saída de novos clientes, e absenteísmo da equipe.

Escolher e elaborar os indicadores é uma etapa importantíssima, pois permite que o empreendedor se diferencie da concorrência. Segundo o Sebrae, "pode-se afirmar que grande parte das micro e pequenas empresas que morre nos primeiros dois anos de vida sofre deste mal: escolha incorreta dos indicadores de desempenho e/ou gestão empresarial deficiente". Negligenciar esse processo faz com que o empreendedor opere sem controle. E, sem controle, não há crescimento, apenas risco de falência. De acordo com o Sebrae, "pesquisas feitas no Brasil afirmam que 60% das micro e pequenas empresas que morrem nos primeiros quatro anos de vida apresentam fortes evidências de falta de indicadores de desempenho e gestão empresarial eficientes".[3]

Um dos erros mais comuns dos empreendedores no momento de definir os indicadores é exagerar na quantidade. Isso costuma ser um problema porque os indicadores devem ser controlados constantemente. E, quando são muitos, o empreendedor corre o risco de não conseguir acompanhar todos de perto. Por isso, no começo, o ideal é ter entre três e cinco indicadores principais – um para cada área essencial da empresa. Depois que a companhia estiver consolidada e o empreendedor tiver mais tempo para se dedicar apenas à gestão, outros indicadores podem surgir.

Alguns indicadores são bastante comuns no mundo dos negócios, como:

★ **INDICADORES DE QUALIDADE:** mostram se as coisas estão sendo feitas corretamente na linha de produção. Em um restaurante, o indicador de qualidade aponta se há desperdício de comida em decorrência do mau uso dos alimentos, por exemplo.

---

3. Disponível em: <http://www.sebrae.com.br/sites/PortalSebrae/bis/indicadores-de-desempenho-e-gestao-empresarial,766b43f87dc17410VgnVCM1000003b74010aRCRD>. Acesso em: 1º jul. 2016.

* **Indicadores de produtividade:** mostram as entregas dos colaboradores e das áreas.

* **Indicadores estratégicos:** mostram como os grandes objetivos da empresa estão sendo cumpridos. Em uma empresa de vendas de flores on-line, que tem como meta do ano expandir sua atuação para outras cidades, o indicador estratégico vai sinalizar o crescimento das entregas nessas regiões e o ritmo de expansão.

Para definir bem os indicadores, lembre-se sempre de que eles precisam estar atrelados aos resultados e à saúde operacional da sua empresa. Ou seja, devem ser usados para medir a eficiência da sua companhia. Os indicadores mais importantes refletem as atividades que mais influenciam o sucesso operacional e financeiro da sua empresa. Quer um exemplo? Na IS Log & Services, a atividade mais importante é a entrega e o recolhimento de malas expressas. Caso haja falhas nesse processo, meus clientes vão reclamar. Se as falhas persistirem, eles não vão continuar trabalhando comigo. E, se isso acontecer, eu vou perder dinheiro e não vou conseguir investir na companhia. Se eu entrasse nesse círculo vicioso, iria à falência. Por isso, para mim, um dos indicadores mais importantes é a eficiência das entregas. Com base nos indicadores, visualizo quais são os motoristas mais eficientes, as rotas que mais têm problemas ou com o maior custo e as falhas que devem ser corrigidas. E aí está o "pulo do gato": com os indicadores, as falhas ficam mais aparentes e é mais fácil criar uma solução para os problemas.

FALHAS E FRUSTRAÇÕES

Como expliquei no capítulo 3, as falhas escondem oportunidades para uma nova companhia, produto ou processo que pode transformar a sua empresa. Nunca se esqueça disso. É possível transformar o que há de mais frustrante no seu negócio em algo positivo. Para isso, no entanto, é preciso um pouco de coragem e fôlego. Afinal, as frustrações, em um primeiro momento, acabam com a motivação; e elas vão, inevitavelmente, aparecer. A boa notícia é que você pode se preparar para enfrentá-las. O norte-americano Gino Wickman, especialista em *startups* e empreendedorismo e fundador da EOS Worldwide, diz, em seu livro *Traction: get a grip on your business* [Tração: como controlar o seu negócio, em tradução livre], que as cinco frustrações mais comuns dos empreendedores são:

1. SER O CHEFE, MAS NÃO CONTROLAR TUDO O QUE ACONTECE

Embora seja o dono da empresa, você não consegue controlar todos os fatores do seu negócio. É possível prever oscilações de mercado, mas não se pode obrigar ninguém a entrar no seu estabelecimento para comprar seu produto ou forçar um cliente a fechar um contrato. Há coisas que fazem parte do imponderável e você, simplesmente, tem de aprender a lidar com elas. Por exemplo, o número de clientes de uma sorveteria diminuir porque uma doceria foi aberta a poucos metros de distância. Em um primeiro momento, essas oscilações podem ser bem frustrantes.

2. LIDAR COM A INDISPONIBILIDADE DE PESSOAS DAS QUAIS O CRESCIMENTO DO SEU NEGÓCIO DEPENDE

Sim, você é o chefe; mas ninguém empreende sozinho. Você precisa da colaboração de clientes, prestadores de serviços e funcionários. Contudo, às vezes, eles não estão na mesma sintonia que você e não concordam que uma situação que você considera urgente precise ser resolvida imediatamente. Isso faz com que você se sinta com as mãos atadas.

3. Não ter o lucro esperado

Esta é uma questão delicada e que pode acabar com o humor de um empreendedor: por mais que você dê duro, pode ser que não sobre dinheiro no fim do mês. Se você fechar o caixa no zero a zero já tem um motivo para ficar feliz. É comum precisarmos esperar alguns meses até que o negócio decole, mas não ver seu esforço sendo revertido em dinheiro dói um pouco. Esse é um fator de extrema importância, pois o que faz uma empresa falir não é falta de clientes, mas de caixa. Às vezes uma empresa fecha por falta de caixa mesmo tendo uma grande lista de clientes. Quando passei pela crise da minha empresa, eu tive de me desfazer de bens pessoais para solucionar o problema. Fiquei muito chateado com isso no começo, pensando que ia passar pelas mesmas dificuldades que enfrentei no começo da minha carreira de empreendedor. Essa frustração é normal. Ainda assim, percebi o que precisava ser feito e hoje, olhando em retrospecto, percebo que valeu a pena cada centavo investido.

4. Não conseguir passar de uma fase de crescimento para outra

Você tem um sonho, definiu um grande objetivo, uma visão, uma missão. No entanto, não consegue passar da primeira etapa do seu negócio. Sentir-se estagnado é cansativo e tira o brilho dos olhos dos empreendedores.

5. Sentir que as estratégias tradicionais do mundo dos negócios parecem não funcionar para você

Por mais que você leia livros de negócios, revistas especializadas e converse com outros empreendedores, as ideias e as soluções apresentadas parecem não funcionar na sua empresa. Aparentemente, com você, tudo é muito diferente e você se sente sozinho.

Juntas ou separadas, com maior ou menor intensidade, todas essas frustrações vão aparecer em um momento ou outro na sua trajetória como empreendedor. O que você precisa fazer é utilizar essas frustrações para dar uma guinada, usando a desmotivação para criar algo positivo. Em uma delas pode estar a resposta que você tanto procurava para melhorar seu negócio. O importante, quando as frustrações começarem a martelar na sua cabeça, é lembrar-se, primeiro, do seu objetivo como empreendedor. Releia sua missão e sua visão e repita mentalmente o que você quer alcançar.

> É IMPORTANTE QUE VOCÊ SE LEMBRE DE QUE PARA FAZER O MELHOR E INOVAR DENTRO DA CAIXA, VOCÊ PRECISA CONHECER A FUNDO O SEU PROCESSO. ISSO SIGNIFICA QUE VOCÊ PRECISA, TAMBÉM, CONHECER SUAS FRUSTRAÇÕES E TRABALHAR PARA TRANSFORMÁ-LAS EM ALGO POSITIVO.

Depois, olhe seu plano de negócios – ali está o mapa para você conquistar o que quer. Então, observe seus indicadores e veja onde é necessário fazer melhorias. Depois, desmembre as suas frustrações e pergunte-se: "Com o que estou mais frustrado neste momento e o que posso fazer para acabar com isso?". Esse exercício fará com que você mergulhe de vez nos seus processos e fique em contato direto com a sua caixa. É nesse momento que você vai começar a encontrar as respostas para dar um fim às suas frustrações.

Vou dar um exemplo pessoal. Eu ficava bastante frustrado com o fato de que alguns dos melhores motoristas na IS Log & Services não se tornavam bons gestores. Tive vários problemas ao promover pessoas a cargos de liderança e depois descobrir que elas não eram as mais adequadas. Choviam reclamações das equipes e eu via a motivação daquele time cair muito... O que eu fiz? Trabalhei com essa frustração. Investiguei a fundo por que eu ficava frustrado e percebi que ficava chateado porque eu queria ajudar os colaboradores da IS Log & Services a prosperar, a crescer na carreira, e achava que isso significava, necessariamente, uma promoção a um cargo de liderança. Era isso o que eu, pessoalmente, almejava na minha trajetória, contudo descobri que nem todo mundo pensa assim e que nem todo mundo tem o perfil de gestor. Não é porque o colaborador foi um bom motorista que será um bom líder; pode acontecer, mas ele precisa ter uma preparação bem planejada pela empresa. Por isso, comecei a trabalhar esse problema. Hoje, para ser promovido a líder na minha empresa, é preciso ter as habilidades necessárias. Um bom motorista pode continuar no seu cargo e ser recompensado pelo trabalho bem executado. Depois que trabalhei essa minha frustração e criei mais programas de meritocracia por departamento, senti que a empresa ganhou mais eficiência e que os funcionários estão mais motivados. Se eu tivesse chutado a frustração para debaixo do tapete, não teria enfrentado o problema e criado algo que ajuda a IS Log & Services a crescer.

Por isso, é importante que você se lembre de que para fazer o melhor e inovar dentro da caixa, você precisa conhecer a fundo o seu processo. Isso significa que você precisa, também, conhecer suas frustrações e trabalhar para transformá-las em algo positivo.

6

DESTAQUE-SE NA MULTIDÃO

Agora que você já sabe como colocar sua ideia de pé, quero explicar como você poderá se destacar em meio a tantos empreendedores. A tarefa, em um primeiro momento, pode parecer assustadora. Segundo o IBGE, há no Brasil 1.236.187 empresas. Olhando os números com lupa, vemos que o segmento de serviços prestados às famílias engloba 391.564 companhias; o de serviços administrativos possui 386.375 empresas; e que o mercado de transportes, serviços auxiliares aos transportes e correio – do qual faço parte – tem 173.286 companhias.[4] É muita coisa! Contudo, esses números não revelam os concorrentes diretos do negócio que você está começando a estruturar, pois são apenas uma visão geral do empreendedorismo no país em que vivemos. Ainda assim, é possível ter uma ideia de que a concorrência é pesada. Como se destacar em meio a essa multidão? É sobre isso que quero conversar com você agora.

---

4. Disponível em: <http://brasilemsintese.ibge.gov.br/servicos/numero-de-empresas-por-segmento-de-servico.html>. Acesso em: 1º jul. 2016.

Para aparecer, atrair clientes e prosperar, você precisa encontrar diferenciais para o seu negócio. E eles devem estar no DNA da sua empresa ou do seu projeto de intraempreendedorismo – afinal, para que você seja reconhecido na companhia em que trabalha e consiga orçamento para o seu projeto, é necessário se destacar entre os que estão requisitando a atenção dos chefes.

No meu modo de ver, o diferencial já surge na ideia do negócio que você quer ter, uma vez que nela você já deve fazer um exercício de pensamento dentro da caixa e procurar alternativas para melhorar processos frustrantes com os quais terá de lidar no futuro. Conhecendo bem os processos, você vai sair, de cara, com algo um pouco diferente do que já existe. No mundo dos negócios, os diferenciais são tudo aquilo que torna uma empresa especial e recomendada por clientes ou consumidores. Eles são tão importantes que, de acordo com o estudo *Causa mortis*, do Sebrae (já citado), para 38% das empresas que têm sucesso no mercado, a estratégia de diferenciação é mais importante do que a estratégia de preços.

Pense, por exemplo, na Apple. Qual é o grande diferencial dessa companhia? Não estou falando sobre a revolução tecnológica em si, mas sobre o que faz com que ela seja tão diferente de outras empresas do setor. O que a diferencia é a união de design altamente desenvolvido com tecnologia de última geração. Essa combinação, para os fãs de tecnologia, é muito importante. Foi assim que a Apple criou um exército de seguidores que dorme na porta das lojas a cada lançamento de um novo iPhone. Esse diferencial se reflete, é claro, na rentabilidade da empresa. Segundo uma pesquisa da revista norte-americana *Forbes*, que mapeia anualmente as marcas mais rentáveis do mundo, a Apple é a primeira no ranking de 2016 – à frente de outras grandes como Google, Microsoft, Coca-Cola e Facebook. Ela tem um valor de mercado de 154,1 bilhões de dólares, 87% mais do que o segundo colocado. Isso tudo não é por acaso. Mesmo após a morte de seu fundador, a empresa continua mantendo seu diferencial, porque ele está no sangue de todos os que trabalham lá. Alguns anos depois que fundou a Apple, Steve Jobs disse que "a oportunidade de criar memória é a essência do marketing de uma marca".[5] Ele estava certo e sua companhia continua na cabeça dos consumidores.

Então, você me pergunta: "Eu não sou o Steve Jobs, minha ideia de empresa não é a Apple, e eu não vou inventar o iPhone. Mesmo assim, vou conseguir criar um diferencial?". A resposta é sim, mas para isso, primeiro é preciso entender o que *não são* diferenciais. Diferencial é aquilo que realmente chama a atenção dos clientes ou consumidores. Um bar só pode dizer que seu diferencial é o atendimento se ele for impecável, se os funcionários ficarem incomodados quando um colega atender mal um cliente e se os donos do estabelecimento fizerem questão de formatar um treinamento para mostrar como querem que o atendimento seja feito. Ou seja, o diferencial "bom atendimento" não pode ser apenas um clichê. Precisa estar no DNA da empresa e ser comprado por todos os que trabalham na companhia.

A Casa Santa Luzia, empório gourmet paulistano, pode se gabar de ter, sim, o diferencial no atendimento. Lá, os mais de 500 funcionários são treinados para receber bem os clientes. E essa filosofia vem de longe. Surgiu em 1926, quando Daniel Lopes, imigrante português, fundou a empresa. Desde o começo ele acreditava que da boa relação com os fornecedores e do bom atendimento aos clientes nasceria o sucesso nos negócios. O senhor Daniel passou essa crença para os filhos, os sobrinhos e os netos que, hoje, tocam o negócio, e repassam essa filosofia

---

5. Disponível em: <http://www.deloox.com.br/posts/comportamento/2769/Soberana-da-Forbes-Apple-e-a-marca-mais-valiosa-pelo-sexto-ano-consecutivo>. Acesso em: 1º jul. 2016.

de excelência no atendimento para os colaboradores. Para trabalhar lá, o funcionário precisa gostar de atender bem e precisa ter disposição para ser treinado para isso. Esse cuidado faz com que os atendentes dos balcões de frios, pães e carnes, por exemplo, conheçam tão bem os consumidores a ponto de saber qual é a espessura preferida da fatia de presunto de um cliente, mesmo que, por mês, passem por lá mais de 10 mil pessoas. Aí está um diferencial verdadeiro.

Entretanto, chega de exemplos por enquanto. Agora, vou mostrar o jeito correto de criar diferenciais.

COMO DESENVOLVER DIFERENCIAIS

ACREDITE NAQUILO QUE VOCÊ PREGA

Talvez essa seja a lição mais importante para que os diferenciais surjam e se sustentem ao longo do tempo. Eles só serão duradouros se forem alinhados às suas crenças e à sua filosofia de gestão. Os colaboradores e os clientes percebem quando o seu discurso não condiz com a sua prática e distinguem facilmente o que é do que não é importante para você. Por isso, para que o diferencial seja verdadeiro, você precisa dar importância para ele. Aqui não vale a máxima "faça o que eu digo, não faça o que eu faço". Você, como empreendedor ou líder de um projeto de intraempreendedorismo, precisa ser a cara do seu negócio. Serão as suas crenças verdadeiras que definirão os diferenciais do seu negócio. Para defini-los, retome seu plano de voo e lembre-se de quais foram os objetivos que você estabeleceu para o seu negócio. Some a isso

> **PARA QUE O DIFERENCIAL SEJA VERDADEIRO, VOCÊ PRECISA DAR IMPORTÂNCIA PARA ELE. AQUI NÃO VALE A MÁXIMA "FAÇA O QUE EU DIGO, NÃO FAÇA O QUE EU FAÇO".**

a visão e a missão da sua empresa. Dessa união surgirão os diferenciais. O grande objetivo da IS Log & Services é ser uma excelente empresa de transporte e logística e ser a referência no mercado de entregas corporativas e logística reversa. E como eu poderia me destacar nesse mercado, uma vez que meus maiores concorrentes são uma gigante estatal e duas grandes empresas privadas com faturamento milionário? Unindo qualidade no atendimento, qualidade na informação – uma vez que os meus concorrentes têm uma enorme dificuldade –, segurança e preço altamente competitivo Por isso, imprimi desde cedo no DNA da IS Log & Services a ideia de que é muito importante controlar e corrigir os erros cometidos, além de manter o cliente muito bem informado. Na área de transportes, ter problemas com uma entrega pode estragar a relação que você está construindo com o cliente e, como trabalhamos com documentos (muitos deles, confidenciais), a preocupação com a eficiência é ainda maior. Como esse raciocínio está no sangue dos meus colaboradores, todos os que entram aqui aprendem logo que é preciso seguir o diário de bordo para evitar deslizes. Assim, temos poucos problemas com as entregas. E esse é um dos nossos diferenciais que nos ajuda a atingir o objetivo maior: a excelência.

Tente se antecipar aos outros

No seu exercício de análise de processos, você começou a identificar oportunidades de negócios e melhorias. Depois disso, você deve se perguntar: quais delas já estão sendo usadas no mercado e quais ainda não? As inéditas são as que têm mais chances de ganhar a multidão. É claro que elas precisam ter valor de mercado e ser desejadas por consumidores e clientes – mesmo que eles não saibam disso ainda. Henry Ford, o fundador da fabricante de automóveis Ford, costumava dizer que não se deve perguntar ao cliente o que ele deseja. Para ele, os consumidores ainda não sabem o que querem.

É óbvio que isso é um exagero, mas há aqui um ponto interessante: as novidades sempre chamam a atenção se forem bem estruturadas. O empreendedor, por sua vez, tem de fazer a lição de casa e mapear se existe demanda para o que ele quer oferecer. Quando abri minha empresa, conversei um pouco com pessoas do setor e notei que havia um interesse reprimido por um serviço mais eficiente de entregas e coletas de malas expressas. Meus concorrentes eram gigantes, mas faziam um serviço caro, com atendimento ruim e sem muita inovação. Como já contei, tive algumas dificuldades no começo, sobretudo para explicar exatamente o que eu faria e apresentar o meu modelo de negócio de entregas compartilhadas com logística reversa. No entanto, ao mesmo tempo, meu serviço chamava a atenção porque era mais eficiente, barato e inovador. Esse era outro diferencial.

Encontre as pessoas certas

Ninguém faz nada sozinho. No começo, pode ser que você precise ser um faz-tudo e tenha, no máximo, um sócio ou um assistente para ajudá-lo. Contudo, seguindo o passo a passo do plano de negócio e do plano de voo que mostrei para você, tenho certeza de que sua empresa vai crescer. E, quando a empresa crescer, será preciso se cercar das pessoas certas. Elas serão as vozes da sua companhia no mundo e farão com que os diferenciais apareçam. Por isso é tão importante escolher corretamente. No entanto, recrutar não é uma tarefa fácil. Além das competências técnicas – que são fáceis de verificar por meio de entrevistas e testes –, é preciso encontrar pessoas com o perfil do seu negócio. Os funcionários da sua empresa devem estar alinhados à sua cultura empresarial, ou seja, às suas crenças, aos seus valores e à sua missão. Isso é importante porque quanto mais sincronizada com aquilo que você acredita, mais a sua equipe terá vontade de contribuir com o seu negócio.

Quando a cultura da empresa e a do profissional combinam as chances do sucesso são muito maiores. O que chamo de cultura nada mais é do que a personalidade da companhia; algumas são mais familiares, outras mais meritocráticas, e cada uma precisa de profissionais diferentes. Uma das minhas grandes inspirações profissionais é o empresário Jorge Paulo Lemann, o fundador da Ambev, que é conhecida no mercado por ter uma cultura bastante definida. Lá, os profissionais possuem perfil bem semelhante; todos têm vontade de aprender, de fazer melhor e de se superar, além de coragem para lidar com desafios todos os dias. Para entrar na companhia, o processo de seleção é rigoroso. Afinal, os gestores querem encontrar pessoas que combinem com essa cultura, que gostem de desafios e que se posicionem como donos da empresa. Quem não tem essa personalidade simplesmente não é convidado a trabalhar lá. A estratégia tem dado certo. Os mais de 50 mil funcionários da Ambev fizeram com que a companhia tivesse um crescimento de 8% em receita em 2015, somando 26,3 bilhões de reais. Como todos estão alinhados, os resultados surgem naturalmente e a empresa se diferencia no mercado. A cultura funciona como uma cola que une funcionários e empreendedores. Então, pense sempre nela quando estiver contratando alguém. Pergunte-se: "Que tipo de profissional quero atrair?". E faça questão de que esse profissional esteja alinhado ao que você acredita.

Invista constantemente em inovação

Com o mundo mudando tão depressa, é preciso entender que o que é um diferencial hoje pode não ser um diferencial amanhã. Então, lembre-se sempre de analisar os processos não só para consertar falhas, mas também para encontrar inovações que possam ser implantadas. Como líder, é seu papel incentivar o olhar inovador nos funcionários e fazer com que eles se sintam confortáveis para dar sugestões e seguros de que as melhorias propostas serão implantadas – como é o caso do Clube de Ideias da minha empresa, que comentei no capítulo 4. Colocar-se no lugar do cliente e conversar com ele também pode trazer ideias de inovação. Os diferenciais precisam estar alinhados com o mercado, por isso, ouvir o outro lado do balcão e estar sensível às mudanças de comportamento do mercado são atitudes importantes. Na IS Log & Services, por exemplo, criamos um protocolo de controle com gestão *mobile*. Como hoje todo mundo está conectado com o celular, nada mais interessante do que usar um sistema que controle virtualmente toda a operação, crie relatórios analíticos e sintéticos de performance, faça o rastreamento da mala expressa e de objetos, controle o time em campo e envie uma confirmação de entrega pela internet. É um diferencial que desenvolvemos em decorrência das mudanças tecnológicas. Com esse sistema, a empresa ganha eficiência, comete menos erros e os clientes ficam mais seguros, pois o rastreamento das malas expressas pode ser feito em tempo real.

> QUANDO A CULTURA DA EMPRESA E A DO PROFISSIONAL COMBINAM, AS CHANCES DO SUCESSO SÃO MUITO MAIORES.

Seguindo esses passos, você abre caminho para criar seus diferenciais. Se bem desenvolvidos, eles ajudam as empresas a se destacarem na multidão. Além disso, é essencial cuidar de cada um desses pontos com atenção para que os diferenciais, além de criados, sejam reinventados quando necessário.

NÃO TENHA MEDO DE BRIGAR COM AS POTÊNCIAS

Entrar em um mercado muito competitivo pode assustar no começo, mas o medo não pode deixar o empreendedor paralisado, imaginando que nunca vai conseguir ser melhor que uma marca famosa ou que uma empresa que está há décadas no mercado. A insegurança deve se transformar em combustível para que você acredite que pode, sim, lutar de igual para igual com as potências do seu setor, simplesmente mudando alguns processos que já existem e precisam ser melhorados. No entanto, é lógico que isso não acontece da noite para o dia.

Quando comecei na IS Log & Services, havia no mercado duas grandes empresas privadas e uma estatal que faziam o serviço de mala expressa, porém, não atuavam com a logística reversa. Hoje temos muitos concorrentes pulverizados. Contudo, meus grandes concorrentes continuam sendo o da minha estreia no empreendedorismo. Porém, hoje já demos uma equiparada no tamanho ao mesmo tempo que mantivemos a mesma qualidade. Nós não temos medo de brigar. Aliás, parte do nosso plano de abertura de filiais, em 2009, tinha a ver com a minha vontade de ser tão nacional quanto ela. Hoje, além de São Paulo, a IS Log & Services atende em Maceió (AL), Manaus (AM), Salvador (BA), Fortaleza (CE), Brasília (DF), Vitória (ES), Goiânia (GO), Belo Horizonte (MG), Campo Grande (MS), Cuiabá (MT), Belém (PA), João Pessoa (PB), Recife (PE), Teresina (PI), Curitiba (PR), Rio de Janeiro (RJ), Natal (RN), Porto Alegre (RS), Florianópolis (SC), Aracaju (SE), Palmas (TO), Boa Vista (RR) e Porto Velho (RO). Como consegui crescer tanto e enfrentar empresas gigantes? Com qualidade do serviço, qualidade no atendimento e preço competitivo. Quem se dá melhor no mundo do empreendedorismo não é o mais rápido nem o mais forte, mas quem se adapta melhor. No caso da minha área, quem tem o melhor atendimento e o melhor custo-benefício. Parece pouco oferecer um atendimento diferenciado, preço competitivo e serviço de alta qualidade, mas hoje há muitas oportunidades para isso. Pense em um restaurante, por exemplo, em quantos deles você entra e é mal atendido? Em muitos! As oportunidades para fazer melhor estão aí.

A qualidade do serviço é essencial para que você se destaque entre os grandes. E pequenos e médios têm uma vantagem nisso: podem cuidar mais de perto dos processos do que os gigantes, que precisam se esforçar muito para que a qualidade não caia. Qualidade quer dizer atendimento de primeira e preocupação genuína com os clientes – filosofia que sempre cultivei na IS Log & Services. Os menores também costumam ser mais ágeis. Como não existem muitos degraus de hierarquia, as decisões são tomadas de maneira mais rápida, os erros são corrigidos com velocidade e as inovações são implantadas sem demora. É preciso olhar para essas vantagens e fazer com que os seus diferenciais apareçam, para que a sua empresa se destaque entre as potências e apareça como uma alternativa para o mercado. Seja uma alternativa mais barata, ágil e eficiente.

Contudo, tome cuidado com algumas coisas – não vá dar uma de cartola de mágico achando que a sua empresa pode resolver todos os problemas de todos os clientes. Foco é fundamental. Se você atira para todos os lados, corre o risco de não acertar alvo nenhum. Sempre falo muito sobre esse assunto, pois perder o foco é um dos grandes erros do empreendedor, e eu quase cometi essa falha. É normal que você comece a dominar um serviço e fique com vontade de ampliar seu leque de ofertas, no entanto, isso só pode acontecer quando você já dominar realmente bem o que está fazendo. No entanto, um passo de cada vez. Pense nos seus diferenciais e fique firme neles. Cuide, também, para não se iludir com um grande cliente e apostar todas as suas fichas em uma conta só. Esse comportamento é comum, mas arriscadíssimo, porque você pode prejudicar sua operação tentando atendê-lo, prejudicar a sua parte financeira. Na pior das hipóteses, você pode perdê-lo e até falir. Uma pesquisa do Sebrae aponta que 8% das pequenas e médias compa-

> QUEM SE DÁ MELHOR NO MUNDO DO EMPREENDEDORISMO NÃO É O MAIS RÁPIDO NEM O MAIS FORTE, MAS QUEM SE ADAPTA MELHOR.

nhias brasileiras fecham porque eram dependentes de um único cliente.[6] Então, cuidado.

Além desse risco, um grande cliente pode prejudicar a sua operação. Aconteceu comigo. Uma vez, minha companhia fechou um contrato milionário e parecia que teríamos lucro por muitos e muitos anos. No entanto, o contrato demandava um esforço descomunal de toda a minha equipe. Resultado: os outros clientes estavam sendo deixados de lado. A solução que encontrei naquele momento foi drástica e rescindi o contrato. Entendi que, se continuássemos naquele ritmo, a empresa perderia os outros clientes. E eu não queria que isso acontecesse de jeito nenhum. Às vezes, é melhor deixar um contrato grande de lado e manter os contratos menores – o importante é cuidar da qualidade e, em alguns casos, a qualidade é prejudicada com o tamanho do contrato assinado. Recuar às vezes é a atitude mais inteligente.

---

6. *Causa Mortis*. Disponível em: <http://www.sebraesp.com.br/arquivos_site/biblioteca/Estudos-Pesquisas/mortalidade/causa_mortis_2014.pdf>. Acesso em: 1º jul. 2016.

7

USE A CRISE A SEU FAVOR

Enquanto eu escrevia este livro, muita coisa aconteceu na política e na economia do Brasil. A presidenta Dilma Rousseff foi afastada de seu mandato, o vice-presidente Michel Temer assumiu a cadeira interinamente, uma nova equipe econômica entrou em campo, um rombo de 170,5 bilhões de reais foi anunciado como o déficit de 2016 e as operações da Lava-Jato, da Polícia Federal, continuam a todo o vapor, prendendo políticos e empresários. No meio de tudo isso, o desemprego chegou ao histórico índice de 11 milhões de pessoas, o dólar não baixa da barreira dos 3 reais e a projeção do PIB de 2016, segundo o Banco Central, é de 3,5% negativos – e ainda estamos esperando as cenas dos próximos capítulos. Segundo os especialistas, se o novo governo conseguir organizar as contas e recuperar a confiança, vamos começar a sentir a retomada do crescimento econômico apenas em 2017 e teremos um longo caminho de austeridade pela frente. Com tantas notícias ruins, você me pergunta: "Será que esse é um bom momento para empreender?". E a minha resposta é sim.

A crise não é confortável e cria algumas barreiras, sobretudo na área de crédito. Contudo, é também o momento em que o mercado se enche de oportunidades. Isso acontece por dois motivos. Primeiro, a crise faz uma limpeza no setor e, por mais triste que seja, as empresas que fecham fazem isso porque não estavam preparadas para enfrentar momentos de "vacas magras". Segundo, a crise cria problemas para serem resolvidos. No entanto, o papel do empreendedor é justamente resolver problemas, pensando dentro da caixa e dando atenção constante aos processos. Desse modo, a crise se mostra um "prato cheio" para quem não quer ficar se lamentando e tem vontade de fazer melhor. O publicitário e empresário Nizan Guanaes tem uma frase célebre sobre esse assunto: "Enquanto alguns choram, eu vendo lenços.". Outra frase interessante é de Sam Walton, fundador do Walmart, ele disse: "Perguntaram-me o que eu achava da recessão. Pensei a respeito e decidi que não participaria dela.". Esse tipo de postura deve ser adotado em momentos difíceis e de desaceleração econômica. Quem der a cara a tapa e fizer acontecer conseguirá alcançar o sucesso – e estará muito bem preparado para quando a bonança chegar porque, embora isso possa demorar, teremos dias melhores em breve. As crises são conhecidas por serem cíclicas, elas não duram para sempre. E, se você conseguir se sair bem agora, vai conseguir se sair ainda melhor quando a situação for mais favorável.

Embora exista uma descrença na economia brasileira, algumas pessoas, como você, veem no empreendedorismo a solução para o momento difícil que enfrentamos. Entre janeiro e junho de 2016, segundo dados do Serasa Experian, surgiram 748.371 novos microempreendedores individuais, um aumento de 9,6% em comparação com mesmo período de 2015. Ou seja, muitas pessoas estão encontrando oportunidades para abrir um negócio. Segundo a pesquisa

GEM: Empreendedorismo no Brasil, do Sebrae, em 2015, 56% dos brasileiros empreendeu por oportunidade e não por necessidade.[7]

Contudo, para aproveitar bem a crise, é preciso estar atento a algumas questões e adotar algumas posturas que vou dividir com você agora.

MANTENHA A CABEÇA ERGUIDA

Uma coisa que não falta em períodos de crise são pessoas que dirão que a sua ideia de empreendedorismo não vai dar certo, que é melhor você continuar no seu emprego, mesmo que esteja infeliz, esperar para prestar um concurso público ou aceitar o primeiro trabalho que aparecer, caso você esteja desempregado. Essas pessoas não fazem isso por mal. Elas estão preocupadas e paralisadas por causa das dificuldades econômicas que o país está enfrentando. Ou talvez, elas não possuam o espírito empreendedor e não entendem por que razão alguém entraria de cabeça em um projeto arriscado. Entretanto, você precisa manter a sua cabeça erguida. É claro que é preciso pensar nos riscos e colocá-los no planejamento estratégico da empresa. Mais do que isso, porém, o empreendedor deve ter fé e coragem. Eu mesmo, no começo, se tivesse sido totalmente sensato, não teria empreendido. Continuaria sendo um funcionário e não teria mudado de vida como mudei. Portanto, para conseguir colocar sua ideia de empreendimento em pé, a lição é nadar contra a corrente e procurar manter o otimismo, mas sem perder o olhar realista, é claro. O otimismo é uma habilidade fundamental para os empreendedores, mesmo no meio da crise. Uma pesquisa feita pela Confederação Nacional dos Dirigentes Lojistas (CNDL) em conjunto

---

7. Pesquisa Empreendedorismo no Brasil (GEM). Disponível em: http://www.bibliotecas.sebrae.com.br/chronus/ARQUIVOS_CHRONUS/bds/bds.nsf/c6de907fe0574c8ccb36328e24b2412e/$File/5904.pdf. Acesso em: 7 jul. 2016.

com o Serviço de Proteção ao Crédito (SPC Brasil), em abril de 2016, revelou que 67,3% dos jovens empreendedores do Brasil estão confiantes com seus negócios ao longo do ano. O motivo, segundo Honório Pinheiro, presidente da CNDL, é a percepção de que, com empenho, dá para passar bem pela crise. "Pode parecer contraditório, mas apesar do ambiente econômico adverso para 2016, uma quantidade considerável de empresários está confiante com relação aos seus negócios. Isso pode se explicar pelo fato de que muitos deles acreditam que com empenho pessoal, dedicação e uma dose de criatividade é possível driblar as dificuldades impostas pela crise",[8] disse Honório em uma entrevista, no lançamento da pesquisa.

APROVEITE AS MUDANÇAS DE HÁBITOS

Um dos grandes investidores em *startups* no Brasil, Anderson Thees, da Redpoint eventures, disse em uma entrevista para o site Projeto Draft: "Vou falar uma frase polêmica de propósito: para o empreendedorismo a crise é espetacular. Ainda mais para o empreendedorismo digital. As *startups* nascem para resolver problemas. E a crise traz uma série de problemas, ou seja, aumenta os espaços nos quais os empreendedores podem atuar. Além disso, sempre que existe crise, a população tende a adotar novas culturas, novos hábitos e novas soluções mais eficientes. Então, a crise é um catalisador de novos comportamentos. Isso acontece no mundo inteiro".[9] Concordo plenamente. Com a desaceleração econômica, as pessoas e as empresas são obrigadas a se reinventar

---

8. Disponível em: <http://g1.globo.com/economia/pme/noticia/2016/03/67-dos-jovens-empreendedores-estao-otimistas-com-proprio-negocio.html>. Acesso em: 4 jul. 2016.
9. Disponível em: <http://projetodraft.com/para-o-empreendedorismo-a-crise-e-espetacular/>. Acesso em: 4 jul. 2016.

e a adotar novas posturas. Ao notar quais são essas posturas, o empreendedor consegue encontrar um nicho no qual atuar. Vou dar um exemplo simples sobre o mercado de reparos. Quando a economia

> **O OTIMISMO É UMA HABILIDADE FUNDAMENTAL PARA OS EMPREENDEDORES, MESMO NO MEIO DA CRISE.**

não vai bem, as pessoas compram menos produtos novos e, com isso, o mercado de consertos cresceu 60% em 2015, de acordo com levantamento do jornal *Folha de S.Paulo*. Redes especializadas estão aumentando seus serviços. Entretanto, um empreendedor que tem, por exemplo, uma loja de roupas pode aumentar seus rendimentos se passar a oferecer também serviços de reparo. Ou, pode fazer uma parceria com uma empresa especializada nesse serviço, de modo que, se o cliente comprar uma peça de roupa em sua loja, ganha desconto para um reparo na companhia parceira. O importante é descobrir de que maneira esses novos hábitos podem ser usados a seu favor.

MOSTRE COMO SEU PRODUTO OU SERVIÇO PODE SER ÚTIL NESSE MOMENTO DIFÍCIL

Como comentei, o empreendedor nada mais é do que um bom solucionador de problemas. Portanto, em vez de ter um olhar pessimista, você deve direcionar seus esforços para as soluções que você está trazendo com o seu produto ou serviço. Eu tenho um pacto com meus colaboradores na IS Log & Services de não falar sobre problemas nas reuniões de resultados. Em vez disso, falamos sobre soluções. No meu caso, a crise tem sido fantástica porque empresas de todas as áreas estão precisando cortar custos, ganhar eficiência e melhorar o custo-benefício de seus produtos. E um dos setores que as companhias sempre olham com atenção é o de logística. Como eu consigo oferecer um preço competitivo e uma excelente qualidade na entrega, saio na frente dos concorrentes.

Para você ter uma ideia de como a crise tem sido benéfica para os meus negócios, vou apresentar alguns números. Nos anos de bonança, eu demorava uma média de nove meses para prospectar um novo cliente e fechar um contrato. Hoje, esse tempo diminuiu para cinco meses. Isso acontece porque o meu serviço é a solução para o problema de entrega de malas expressas das empresas a um custo acessível. Alguns dos clientes estão optando por terceirizar serviços que antes faziam internamente e a IS Log & Services é a solução para muitos desses casos. Quando o empreendedor presta um serviço de qualidade, como é o caso da minha empresa, ele faz com que os clientes deixem de gastar dinheiro com algo que, antes, era um problema para eles. Então, quando você for apresentar os seus serviços, coloque-se como um solucionador de problemas. Explique para o consumidor que aquilo que você está oferecendo pode ajudá-lo a economizar caixa ou a ser mais produtivo – dois aspectos importantíssimos em anos de desaceleração econômica.

PENSE NO FUTURO

O melhor da crise é que ela passa. Por pior que seja o cenário de recessão agora – os especialistas dizem que é a pior desaceleração da economia brasileira desde 1929 –, isso tudo vai passar. E quem começou em um cenário tão difícil vai ficar fortalecido quando ventos melhores soprarem. Por isso, pense no futuro. Uma empresa costuma levar entre um e dois anos para se estabelecer e começar a dar lucros. Portanto, se você começar a empreender agora, vai começar a prosperar em 2018, momento em que os analistas econômicos estimam que haja uma melhoria na economia brasileira. O importante é estruturar muito bem o seu negócio, consolidar os seus diferenciais, estabelecer um bom plano de voo e cuidar dos processos para que eles sejam revistos e melhorados sempre que possível. Se esses pilares estiverem fortalecidos, a empresa vai crescer e você estará em um bom momento quando o Brasil estiver, também, caminhando a passos largos para uma recuperação. Faça as contas agora, mas não se desespere. Se eu tivesse pensado apenas no tempo que demoraria para pagar o investimento inicial e as dívidas de capital de giro da empresa, não teria empreendido. É preciso sangue frio e coragem para passar pelos primeiros anos de uma empresa, mas quando ela começa a funcionar sem tanto sofrimento é muito gratificante.

O QUE SÓ A PRÁTICA ENSINA

Um dos pontos positivos da crise é que ela nos proporciona um período de aprendizagem intensivo e esse tipo de situação é muito benéfica para o empreendedor. Afinal, por mais que você se prepare, faça seu planejamento estratégico, estabeleça seu diário de bordo e estime os riscos, algumas coisas você só vai aprender na prática. Como a crise faz com que os recursos sejam mais escassos, ela incentiva que o empreendedor seja mais criativo, flexível e o obriga a aprender com mais velocidade.

1. Os ERROS VÃO SURGIR – E ISSO É BOM

Com a prática você vai acabar percebendo uma coisa: erros vão acontecer. Sobretudo em tempos de crise. Isso é um fato na vida de qualquer empreendedor; e não precisa ter medo dos deslizes. O que você tem de aprender é a errar com mais velocidade – frase muito usada pelas *startups* de tecnologia do Vale do Silício, nos Estados Unidos, local famoso por ser berço de grandes empresas como Apple, Google, Yahoo e HP. Essa frase é repetida por lá porque os norte-americanos são tolerantes ao erro. Há até uma anedota entre os empreendedores dos Estados Unidos que diz que se você ainda não levou uma empresa à falência ainda não está pronto para empreender. Na Finlândia também há uma boa aceitação do erro. Tão boa que o governo criou, em 2012, o Dia Nacional da Falha, momento em que políticos, famosos e figuras públicas comentam o que fizeram de errado em suas trajetórias. Na Alemanha, o erro é aceitável desde que assumido e consertado rapidamente, como aconteceu em 2015, quando o presidente da Volkswagen assumiu fraudes em seus motores a diesel, que eram muito mais poluentes do que o divulgado.

> **COMO A CRISE FAZ COM QUE OS RECURSOS SEJAM MAIS ESCASSOS, ELA INCENTIVA QUE O EMPREENDEDOR SEJA MAIS CRIATIVO, FLEXÍVEL E O OBRIGA A APRENDER COM MAIS VELOCIDADE.**

Já no Brasil, o erro está fortemente associado à culpa, e isso faz com que as empresas e os empreendedores se sintam paralisados quando falham. Contudo, sem erro, não há empreendedorismo, nem inovação. Para desmistificar as falhas existentes, em 2009 foi criado um evento chamado FailCoin (em uma tradução livre, "moeda de erro"). Idealizado pelo empreendedor Rafael Chanin, o evento surgiu em San Francisco, na Califórnia, mas chegou ao Brasil em 2012 com o objetivo de mostrar que os erros são naturais, principalmente no empreendedorismo. Rafael, que tem 34 anos, disse em uma entrevista para a revista *VOCÊ S/A* que já perdeu as contas de quantas vezes errou. Ele afirmou: "As pessoas acham que uma trajetória de sucesso é linear, que aquele presidente ou empreendedor foi construindo sua carreira de maneira espetacular e que nada deu errado. Mas esse caminho é todo quebrado, de tentativas e erros".[10] Ele tem razão. Eu mesmo falhei muito na minha trajetória – e certamente vou falhar ainda mais.

Além de ter crescido sem planejamento em 2009, eu aprendi bastante com outro erro que cometi algumas vezes. É comum entre os empreendedores que estão começando contratar com o coração e não com a razão. Quando estamos iniciando um negócio, às vezes, contratamos amigos ou parentes sem ter a certeza de que essas pessoas têm as competências técnicas necessárias e um perfil alinhado à nossa cultura e missão. Se contratamos pessoas assim e elas não têm o desempenho esperado, demitir é muito difícil. Isso aconteceu comigo. Aprendi na prática que para o bom funcionamento de uma empresa é mais importante encontrar profissionais capacitados para exercer cada uma das funções do que trabalhar com pessoas do seu círculo pessoal. Esse erro me ajudou a entender que é preciso ser totalmente profissional nas relações de trabalho. Isso não significa que você não pode trabalhar ao lado de um irmão ou de um amigo de infância, mas que esse irmão ou amigo deve ser a melhor pessoa para ocupar um cargo na sua empresa. Você precisa ter certeza de que ele vai dar conta do recado e deixar claro que ele é um funcionário como outro qualquer, sujeito às mesmas cobranças e obrigações.

---

10. Disponível em: <http://vocesa.uol.com.br/noticias/acervo/o-que-pessoas-bem-sucedidas-aprenderam-com-seus-erros.phtml#.V3pYcOIrIdU>. Acesso em: 4 jul. 2016.

Outro erro que cometi quando comecei a empreender foi acreditar que conseguiria resolver tudo sozinho. Essa é uma crença comum entre os que estão começando um negócio. No entanto, como já apontei, você deve se cercar de pessoas que tenham as habilidades que faltam em você. Assim você monta um time competente e incentiva o crescimento da sua empresa.

> **APRENDI NA PRÁTICA QUE PARA O BOM FUNCIONAMENTO DE UMA EMPRESA É MAIS IMPORTANTE ENCONTRAR PROFISSIONAIS CAPACITADOS PARA EXERCER CADA UMA DAS FUNÇÕES DO QUE TRABALHAR COM PESSOAS DO SEU CÍRCULO PESSOAL.**

Como você pode perceber, eu cometi muitos erros, mas um deles me chateia bastante: perder pessoas por causa de uma promoção errada. Como já comentei, na IS Log & Services, tive muitos motoristas excelentes e, algumas vezes, coloquei em cargos de liderança profissionais que eram ótimos tecnicamente, mas que não tinham o perfil de gestor de pessoas, ou que apenas não estavam prontos para assumir aquela posição. O que aconteceu nesses casos? O profissional que fazia um ótimo trabalho começou a fazer um trabalho ruim. E a culpa não foi dele, foi minha. Na época eu não entendia que antes de promover alguém é preciso conversar, fazer testes e oferecer treinamentos. Por causa desse erro, precisei desligar ótimos técnicos porque eles não se deram bem como gestores. Entretanto, eu aprendi. E, agora, as promoções só são feitas quando o profissional tem todas as características técnicas e comportamentais para a função que virá a exercer.

QUATRO ATITUDES PARA LIDAR MELHOR COM OS ERROS

1. Assuma o erro. Pare de tentar ficar terceirizando o erro.

2. Não entre em pânico. Quando algum erro acontece, o ideal é manter o sangue frio, analisar a situação e estudar uma forma de consertar o problema.

3. Converse com os envolvidos. Se o seu erro afetar outras pessoas, vá imediatamente conversar com elas. Explique o que aconteceu e mostre as alternativas para solucionar a questão.

4. Aceite que errar é humano. Ninguém está imune aos erros e, embora você possa se cercar de ferramentas para evitá-los, alguns vão acontecer em uma hora ou outra.

2. Você ficará ansioso

Por mais racional e calmo que você seja, a ansiedade vai bater em vários momentos da sua vida como empreendedor. Afinal, muitas variáveis podem mexer com seu equilíbrio interno, como excesso de trabalho, principalmente nos primeiros anos, quando você não tem uma equipe estruturada e acumula funções; preocupações com dívidas; nervosismo antes de abrir uma nova operação; tensão durante uma reunião com um cliente importante ou com possíveis investidores; solidão por não poder compartilhar todos os seus sentimentos com as pessoas da sua equipe... E esses são apenas alguns exemplos. A ansiedade é maior entre os empreendedores do que entre as pessoas que têm carteira assinada. Uma pesquisa da consultoria Gallup revelou que 34% dos empreendedores dizem estar ansiosos – entre os que são empregados, esse percentual é de 30%. Além disso, os pesquisadores descobriram que 45% dos empreendedores se consideram estressados, contra 42% entre os profissionais que trabalham em empresas de outras pessoas.[11] Cientistas da Swinburne Universidade de Tecnologia em Melbourne, nos Estados Unidos, também comprovaram esse fato. Eles conduziram entrevistas com fundadores de empresas e notaram que a maioria dos empreendedores desenvolve sinais de estresse e ansiedade.

Não estou apresentando esses dados para desanimá-lo ou diminuir o seu desejo de empreender. Estou simplesmente dizendo que a ansiedade será uma constante na sua vida de dono do próprio negócio. O importante é saber que, com o tempo, você aprende a domar esse nervosismo. Se não fizer isso, você não terá cabeça para tocar os negócios, tomar decisões estratégicas e avaliar o que está indo bem e o que precisa melhorar na sua empresa. Aprendi que a questão não é correr da ansiedade, que é um sentimento inevitável, mas descobrir qual é a melhor maneira de lidar com ela.

Felizmente, existem algumas estratégias para que a ansiedade não o impeça de trabalhar. Uma das mais importantes é encontrar tempo para a sua família. Você vai trabalhar muito, mas reserve um espaço na sua agenda para ficar ao lado das pessoas que você ama. São elas que darão a força de que você precisa para continuar

---

11. Disponível em: <http://www.estudiodamente.com.br/2016/05/24/o-preco-psicologico-do-empreendedorismo/>. Acesso em: 4 jul. 2016.

e é com elas que você pode se abrir quando algo tirar o seu sono. Organizo a minha agenda de maneira que sempre esteja presente em casa, com a minha esposa e os meus filhos. Costumo sair do escritório por volta das cinco da tarde e vou para a minha casa, que fica a uma hora e meia da empresa. Quando chego, eu me dedico inteiramente à minha família. Isso me ajuda a recarregar as baterias. Outra atitude importante é não descuidar da sua saúde física. Muitos empreendedores em começo de carreira acreditam que são de ferro e que o corpo deles vai aguentar se trabalharem vinte horas por

> **APRENDI QUE A QUESTÃO NÃO É CORRER DA ANSIEDADE, QUE É UM SENTIMENTO INEVITÁVEL, MAS DESCOBRIR QUAL É A MELHOR MANEIRA DE LIDAR COM ELA.**

dia, dormirem duas horas e ficarem sem comer. Contudo, não há corpo que aguente. Então, não ache que cuidar do seu físico é bobagem. Sem saúde, não há empresa. Estou falando por experiência própria. Cheguei a pesar 110 quilos porque descontava toda a minha ansiedade na comida. Hoje, eu me preocupo bastante com isso e costumo correr uma média de 10 a 12 quilômetros por dia todas as manhãs. A corrida, além de me manter em forma, ajuda a relaxar, a esvaziar o cérebro das preocupações e aumenta minha capacidade de concentração. Além disso, a fé, como você verá no próximo tópico, também foi crucial para me ajudar a lidar com a ansiedade. Unindo as duas coisas, eu consegui manter a cabeça tranquila para enfrentar períodos de turbulência. Canalizei toda a minha ansiedade no esporte e na fé.

TRÊS MANEIRAS DE
COMBATER A ANSIEDADE

1. Organize seu tempo. Ter uma agenda organizada em prioridades faz com que você se sinta menos sobrecarregado e consiga chegar ao fim do dia com a sensação de que fez tudo o que era necessário.

2. Peça ajuda quando for preciso. Se você não consegue concluir uma tarefa ou não tem a competência exigida para determinada atividade, procure pessoas que possam ajudá-lo a enfrentar esse problema.

3. Seja mais resiliente. Entenda que alguns problemas vão impor uma série de adaptações e que isso é normal. Não fique sofrendo por aquilo que você não pode mudar.

3. É PRECISO TER MUITA FÉ

Independentemente do momento que você está vivendo, lembre-se de que Deus está sempre à frente. Assim, é importante que você acredite que o seu negócio terá um futuro promissor, por mais que os outros digam o contrário. A prática do empreendedorismo ajuda a exercitar a fé. Não digo para você ser a Poliana e acreditar em coisas sem embasamento real, mas para manter os olhos nos seus objetivos e entender que, com trabalho e dedicação, você conseguirá crescer.

No dia a dia de empreendedor, muitas situações vão fazer com que você questione a sua fé. Pode ser que um cliente que estava para fechar o contrato desista no último instante, ou que um funcionário de muito potencial peça demissão para trabalhar na concorrência, ou mesmo que o mercado não responda na velocidade que você gostaria. Essas coisas acontecem e nos deixam um pouco para baixo. No entanto, é importante não perder o otimismo e não se deixar abater mesmo nos momentos mais difíceis. Se eu não tivesse fé na IS Log & Services e no meu trabalho como líder, teria simplesmente afundado e perdido a empresa quando precisei lidar com as dívidas da companhia. Aprendi que a fé nos ilumina quando tudo parece perdido e que quem age de maneira correta é recompensado no futuro.

TRÊS COMPORTAMENTOS PARA ESTIMULAR SUA FÉ

1. Agradeça aos outros pelo que fizeram de bom para você. Alguns estudos científicos dizem que o ato de agradecer relaxa o cérebro e aumenta seu otimismo e sua esperança.

2. Mantenha o seu foco no lado positivo das situações. Sempre é possível enxergar o copo meio cheio ou meio vazio. Ver o lado bom das coisas ajuda a encontrar soluções e a acelera o aprendizado.

3. Mentalize o seu objetivo todos os dias. Pensar frequentemente no que você quer alcançar aumenta seu foco e sua força de vontade para cumprir as metas que estipulou para si mesmo e sua empresa.

8

A IMPORTÂNCIA DO TIME DE VENDAS

Em uma empresa, todos os setores são importantes. No entanto, um deles acaba se destacando por um motivo muito simples: trazer dinheiro para a companhia. Estou falando, é claro, do setor de vendas. Essa área, que sempre foi crucial, ganha ainda mais importância na crise. Afinal, a dificuldade para fechar negócios aumenta e os consumidores ou clientes ficam mais receosos de gastar dinheiro com um produto ou serviço. Desse modo, um bom time de vendas se torna essencial. Tanto é que, segundo o *Guia salarial 2016* da Robert Half, consultoria de recrutamento executivo, um dos cargos em destaque para o ano é o de diretor comercial. De acordo com especialistas, esse profissional, ao lado do diretor financeiro, é um dos mais importantes do ano. Ele é o responsável por alimentar o caixa da empresa e fechar novos negócios. As companhias que têm um bom diretor comercial saem na frente da concorrência.

Mesmo que a empresa que você quer abrir não tenha foco em vendas, os negócios precisarão de transações comerciais. Não importa se você vai prestar um serviço, atender diretamente o consumidor final ou clientes corporativos, você sempre vai vender alguma coisa. Pense no meu caso. O coração do meu negócio é o setor de transportes, no entanto eu só presto serviços para as empresas que os compram. E, para isso, eu preciso que alguém os venda. Até você, como colaborador, precisa se vender. Qualquer pessoa que não venda o trabalho que oferece fica escondida e seu valor passa despercebido.

Pensando em negócios, é importante definir no seu plano de voo quem vai cuidar da área de vendas. Pode ser você mesmo, como empreendedor, ou, se você preferir se dedicar a outra área, como a administrativa, alguém capacitado para o cargo. Aconselho, porém, que uma pessoa esteja focada somente na área de vendas porque, para o que o comercial funcione, é preciso respirar o assunto o tempo todo. Um empreendedor que se divide entre vendas e as outras áreas não consegue vender bem porque esse setor demanda muito do profissional. Portanto, nem sempre o dono do negócio é a pessoa mais indicada para exercer essa função.

De qualquer forma, acredito que todo empreendedor precisa ter um pouco de vendedor. Apenas uma boa ideia na cabeça não faz com que um negócio cresça. O que impulsiona uma empresa é o número de clientes ou consumidores que ela tem. Contudo, vender não é uma tarefa fácil e é preciso aprender com a prática. Ainda assim, você pode desenvolver algumas habilidades. Especialista no assunto, Bill Morrison, que tem mais de vinte anos de experiência em vendas em empresas como Rolls Royce Aerospace e Gore-Tex, mostra algumas delas em seu livro *Bootstrap Selling* (Iniciação em vendas, em tradução livre). O autor argumenta que habilidades de vendas são importantes para todos os que querem ter sucesso

> **QUALQUER PESSOA QUE NÃO VENDA O TRABALHO QUE OFERECE FICA ESCONDIDA E SEU VALOR PASSA DESPERCEBIDO.**

– incluindo os empreendedores. Selecionei os conselhos mais interessantes para nós brasileiros:

1. O EMPREENDEDOR E O CONSUMIDOR OU CLIENTE PRECISAM ESTAR DO MESMO LADO.

Alguns empreendedores acreditam que alguém sempre precisa perder algo para que eles possam vender. Isso não é correto. O empreendedor não deve oferecer a recuperação de algo, mas ser a solução para um problema. Por isso, o empreendedor-vendedor precisa se colocar na pele do cliente. Só assim ele criará laços de empatia e concretizará uma venda.

2. MANTENHA O FOCO NO QUE OS CONSUMIDORES QUEREM COMPRAR, NÃO NO QUE VOCÊ QUER VENDER. PORÉM, TOME CUIDADO!

A argumentação de Bill Morrison é muito simples. Você precisa alinhar o que você tem para oferecer com a necessidade do seu cliente. Antes de sair abordando qualquer um, conheça as necessidades da empresa ou do consumidor. Para isso, faça uma pesquisa prévia das empresas que você quer atender, se for prestar serviços para clientes corporativos; ou ouça com atenção o seu consumidor final, se for tratar diretamente com pessoas físicas. Ouvir mais do que falar é uma regra de ouro para os bons vendedores. Porém, tome cuidado: alguns clientes não sabem o que querem comprar, e você precisa mostrar para eles.

3. EMBORA O CLIENTE SEJA MUITO IMPORTANTE, VOCÊ NÃO É FUNCIONÁRIO DELE.

Você trabalha para a sua própria empresa e, mesmo que o clichê diga que o cliente sempre tem razão, isso não é totalmente verdade. Os empreendedores são uma ponte entre as necessidades da empresa e as necessidades dos clientes. Eles precisam ter senso crítico e ficar atentos aos clientes abusivos, que exigem o que a empresa não pode oferecer. Por mais importantes que os consumidores pareçam, eles podem destruir sua estrutura empresarial com seus caprichos. Por isso, veja o que é melhor para a sua empresa antes de fechar um contrato.

4. OS CONSUMIDORES COMPRAM DAS EMPRESAS EM QUE ELES CONFIAM.

Com as redes sociais, é muito fácil que uma empresa seja elogiada ou bombardeada por reclamações. Então, cuide muito da sua reputação empresarial. Além disso, preocupe-se em alinhar a sua cultura com a de seu consumidor final, isso garante a criação de uma boa rede de clientes.

5. EM VEZ DE EVITAR OS PROBLEMAS, PROCURE-OS.

Os bons vendedores estão sempre atrás de problemas que podem ser resolvidos por seus serviços ou produtos. Então, tente se tornar um caçador de problemas. E, quando um cliente seu estiver em apuros, sente-se com ele para discutir como a sua empresa pode ajudá-lo a passar por aquela situação. Mesmo que você não ofereça o serviço necessário para auxiliá-lo, essa proatividade da sua parte criará um laço de confiança.

VENDAS SÃO O SEU CALCANHAR DE AQUILES

Existe um fato com o qual você precisará lidar como empreendedor: se as vendas da sua empresa não vão bem, a sua empresa não vai bem. Essa área é o calcanhar de aquiles do seu empreendimento. Por isso é preciso cuidar para que esse setor esteja sempre bem alinhado com os grandes objetivos da companhia e para que o time de vendas se sinta sempre motivado a trazer mais clientes para a empresa.

Para que o setor de vendas atue em seu melhor nível, o empreendedor deve entender a importância dele. Se para o líder ele não for importante, os funcionários se sentirão desprestigiados e os resultados não serão bons simplesmente porque as pessoas estarão desmotivadas.

Esse setor, além de trazer dinheiro para a companhia, mostra a cara da empresa no mundo. Se o vendedor encantar o cliente, o consumidor, consequentemente, vai se encantar pela companhia que o vendedor representa – isso, é claro, se o serviço ou produto oferecido por ele for de qualidade. Desse modo, acho importante ressaltar as principais funções de um bom vendedor:

> **OS BONS VENDEDORES ESTÃO SEMPRE ATRÁS DE PROBLEMAS QUE PODEM SER RESOLVIDOS POR SEUS SERVIÇOS OU PRODUTOS. ENTÃO, TENTE SE TORNAR UM CAÇADOR DE PROBLEMAS.**

* **PROSPECÇÃO DO MERCADO** – encontrar os clientes potenciais e a quem a empresa pode oferecer seus serviços.

* **DEFINIÇÃO DOS ALVOS DAS VENDAS** – ter um olhar apurado para saber quais clientes teriam, efetivamente, chances de fechar negócios com a empresa.

* **COMUNICAÇÃO COM O CLIENTE** – entrar em contato com os alvos potenciais para ouvir quais são as necessidades deles e oferecer serviços que solucionem seus problemas. Essa é uma das etapas mais importantes do processo de venda.

* **FIDELIZAÇÃO DOS CLIENTES** – criar um relacionamento sólido com os clientes para que eles se tornem fiéis e voltem a procurar seus produtos ou serviços. Para o bom vendedor, fechar uma venda não é o bastante.

Todas essas competências são aprendidas na prática e, quando você for contratar um vendedor, nem sempre encontrará uma pessoa totalmente preparada. O que não é ruim, pois o mais importante ao montar o seu time de vendas não é ter um supervendedor. Como comentei no capítulo 6, vale mais para empresa ter alguém alinhado à sua cultura, que compra a sua visão de negócios e concorda com o seu estilo de gestão. Esse perfil comportamental é mais importante do que o técnico – que acaba sendo desenvolvido naturalmente quando o profissional é dedicado.

Escolher um bom vendedor para sua empresa e cuidar para que ele continue trabalhando com você é muito importante. Ao contratar um vendedor, você não pode escolher alguém tecnicamente ineficiente, você precisa de um bom profissional. E, uma vez contratado, o vendedor deve ter uma boa remuneração: um valor variável de acordo com desempenho dele, para motivá-lo, e também um salário fixo bom, mas que não o deixe acomodado. Além disso, você deve tomar cuidado para que, no futuro, ele não se transforme em um concorrente. Claro que não se pode prever isso, mas um bom líder trabalha para que seus funcionários se desenvolvam e melhorem no futuro. O que estou dizendo é que você tem de tomar cuidado para não contratar alguém que não esteja interessado, de fato, na sua empresa – e que só a use como um degrau para o sucesso pessoal. Outro ponto importante a considerar ao contratar um vendedor é a ambição de melhorar de vida. Essa é uma das características que mais observo na minha equipe comercial: quando o profissional tem ambição seu desempenho é melhor e ele cria laços com a empresa, pois percebe que foi por meio do trabalho e daquela companhia que ele conseguiu melhorar de vida. Por isso, é preciso avaliar muito bem o perfil do candidato à vaga de vendedor. Para descobrir se há um alinhamento, você pode fazer algumas perguntas pessoais, mas que dão sinais de qual é o estilo daquele profissional e quais são as expectativas dele em relação ao futuro. Por exemplo:

* ONDE VOCÊ PRETENDE ESTAR DAQUI A CINCO ANOS?

Essa pergunta ajuda a entender quais são as pretensões do candidato – se ele quer crescer dentro de uma empresa, se quer empreender, ou se quer viver em outro país.

* POR QUE VOCÊ SE INTERESSOU POR ESSA VAGA?

Com essa pergunta você consegue encontrar indícios dos reais interesses do candidato. Se ele disser que gostou do estilo da empresa e dos desafios da vaga, por exemplo, é um sinal de que tem uma cultura semelhante à da sua empresa.

* QUAIS FORAM OS PRINCIPAIS DESAFIOS QUE VOCÊ ENFRENTOU NA SUA CARREIRA?

Peça detalhes, instigue o candidato a contar exemplos de como passou por situações desafiadoras. Com esses dados, é possível perceber o perfil do profissional – se ele é proativo para lidar com problemas ou se é do tipo que se deixa abater mais rapidamente.

* CONTE UMA SITUAÇÃO DIFÍCIL QUE ENFRENTOU NO SEU ANTIGO TRABALHO.

O objetivo dessa pergunta é entender como a pessoa age em momentos de tensão. O que o candidato contar vai ajudar o entrevistador a perceber como ele lida com a pressão e que soluções encontra para atuar em momentos difíceis. Se ele tiver jogo de cintura, pode ser muito bem-vindo em uma empresa que está começando.

136 ■ PENSE DENTRO DA CAIXA

> *** Qual é a sua percepção sobre o mercado em que esta empresa atua?**
>
> Essa é uma questão mais prática que permite que o recrutador perceba o tipo de conhecimento do candidato sobre o mercado em que você está trabalhando. O candidato não precisa ser um especialista na área, mas encontrar alguém que tem interesse no setor e que se preparou para a entrevista é um ótimo sinal. Essas atitudes demonstram verdadeira vontade de trabalhar na sua empresa e proatividade para aprender.

Depois que a contratação é feita, o empreendedor não pode simplesmente "lavar as mãos"; esperar que o vendedor faça seu trabalho e não se preocupar mais com isso. Pessoas precisam de cuidados. É necessário criar um sistema de acompanhamento e avaliação de desempenho. No começo pode ser algo simples, um documento em que o colaborador e seu gestor apontem os pontos positivos do funcionário e as características que podem ser melhoradas; tracem um plano de ação e indiquem um objetivo para aquele ano. Na IS Log & Services, por exemplo, os vendedores precisam seguir uma rotina de processos em cada etapa da venda. Isto é, eles têm de olhar o diário de bordo e seguir um passo a passo estabelecido pela empresa. Além disso, nós estabelecemos metas para cada uma dessas etapas que, se não forem cumpridas, podem implicar perda de até 10% da remuneração variável do vendedor. Fazemos isso para que eles se lembrem de que é importante cumprir os procedimentos da empresa e que essas rotinas vão ajudá-los a alcançar as suas metas comerciais.

Além de acompanhar individualmente os profissionais de vendas, é importante estruturar bem a equipe e gerenciar a rotina do time como um todo. Só assim é possível ter uma noção de como a empresa – e não só os vendedores – está se saindo nesse quesito. É necessário ter sistemas de controle que monitorem as vendas concluídas, os contratos fechados e os clientes em prospecção. Também é fundamental que o empreendedor e líder da empresa trabalhe lado a lado com essa equipe – o time deve entender quais são os objetivos da empresa e como a área de vendas pode ajudar a cumpri-los. Esse comportamento do líder tem de ser repetido em todas as áreas da empresa, mas para que as vendas funcionem, é necessário que as metas estejam sempre muito bem especificadas – só assim esses profissionais saberão quem prospectar e o que oferecer. Outra dica de ouro é manter o time de vendas bem treinado; e você não precisa investir rios de dinheiro para fazer isso. Basta se reunir com a equipe sempre que houver uma melhoria em um produto, o lançamento de um novo serviço ou uma ideia de inovação. Eles precisam saber tudo o que acontece na empresa para dar sugestões, pensar em clientes e em maneiras de se aproximar deles. A questão crucial para um time de vendas funcionar bem é a motivação dos vendedores.

MOTIVANDO OS VENDEDORES

Sem motivação ninguém levanta da cama de manhã. Todo mundo precisa de um motivo para agir, para trabalhar, para existir. No caso do pessoal de vendas, os motivos podem ser: superação de metas e conquista de novos clientes ou negócios para a empresa. Contudo, conseguir motivação sozinho não é tão simples assim. Embora muitos dos bons vendedores tenham uma automotivação natural, ninguém tem interesse de cumprir uma tarefa se não for bem recompensado pelo resultado. Financeiramente é importante ter um equilíbrio entre a remuneração fixa e a variável – o fixo não pode ser baixo demais, a ponto de deixar o vendedor desmotivado, nem alto demais, para que o profissional não se acomode.

Na IS & Log Services, eu acredito que um bom salário fixo é importante para o vendedor, pois nossas negociações são de longo prazo e demoram entre seis e nove meses para ser concluídas – contando desde o primeiro contato até o fechamento do contrato, que costuma ser anual. Por isso, estipulamos a seguinte remuneração variável: o profissional do departamento comercial ganha 3% de comissão ao fechar o contrato do cliente no primeiro ano; 1% de comissão quando renova, ficando assim até quando o cliente permanecer na empresa – com isto, ele sempre fará o pós-vendas com excelência. Com esse percentual, o profissional fica motivado para cuidar, também, do pós-venda. O objetivo é fazer com que o vendedor cresça com a empresa e se preocupe com a fidelização dos clientes.

A remuneração variável é essencial para vendas, mas é preciso ser justo ao distribuí-la. Por essa razão, as métricas são tão importantes: elas apontam o desempenho dos vendedores de forma objetiva e impessoal. Na IS Log & Services, as métricas das equipes são visíveis para todos. Essa transparência também ajuda na motivação, pois mostra que a empresa está sento justa e não está favorecendo determinada pessoa por motivos incompreensíveis. Acredito na meritocracia e sei que, por meio dela, as pessoas se motivam, desenvolvem-se e correm atrás do que precisam melhorar.

Além do reconhecimento financeiro, o reconhecimento pessoal é muito importante. Vou contar a você como faço atualmente esse trabalho na IS Log & Services. Eu adoro futebol – e adoro a Copa do Mundo. Acredito, também, que o esporte pode trazer muita inspiração quando o assunto é motivação. Basta pensar nos atletas: quando um time quer vencer, é fácil ver o brilho nos olhos de toda a equipe – dos jogadores ao técnico. Quando há motivação para ganhar um campeonato, reverter um placar desfavorável ou fazer a bola entrar no gol no último minuto são coisas totalmente possíveis.

Pensando nisso, criei um campeonato para a minha equipe de vendas. Dividi os profissionais em dois times: Espanha e Alemanha, cada um com quatro pessoas e um delas como o capitão, que está ali para motivar e não para cobrar. As equipes têm metas semestrais que precisam ser cumpridas e uma compete "contra" a outra. Digo "contra" entre aspas porque todos estão competindo entre si, mas estão lutando em favor da empresa. Acredito que nós, seres humanos, gostamos de uma competição saudável, de nos superar e de provar para os outros que podemos fazer mais e melhor. Por isso, essa tática tem dado tão certo na empresa.

> A REMUNERAÇÃO VARIÁVEL É ESSENCIAL PARA VENDAS, MAS É PRECISO SER JUSTO AO DISTRIBUÍ-LA. POR ESSA RAZÃO, AS MÉTRICAS SÃO TÃO IMPORTANTES: ELAS APONTAM O DESEMPENHO DOS VENDEDORES DE FORMA OBJETIVA E IMPESSOAL.

As equipes são monitoradas diariamente e o time que bate a meta recebe uma remuneração variável além do acordado e aparece no jornal e nas redes sociais da empresa. Para estimular o indivíduo, além da equipe, criei a premiação para o artilheiro – aquela pessoa que se destacou entre as demais. E, como no futebol, ele pode estar no time perdedor. Esse é um modo de motivar o profissional que é muito bom, mas está na equipe que está perdendo. O artilheiro também tem direito a uma remuneração variável semelhante à dos vencedores. .

Quando inaugurei a competição, em janeiro de 2016, os vendedores ficaram muito animados. Decoramos a sala com bandeiras da Espanha e da Alemanha e, desde então, está um ótimo clima de competição saudável. A equipe que está perdendo corre para se superar, a que está na frente corre para continuar vencendo... A empresa só está ganhando com isso. Nesse primeiro semestre, nós estamos comemorando o maior crescimento da história da IS Log & Services. Tenho certeza que grande parte do mérito veio da motivação do time de vendas.

9

O SEU MOMENTO É AGORA

Muitas vezes, nos deixamos abater pelo contexto em que estamos. Se tudo o que está à nossa volta parece ruim e desanimador, não conseguimos sair do lugar. No Brasil, estamos enfrentando um momento assim, em que as coisas parecem não ter muita saída. Como, porém, eu disse no capítulo anterior, quem conseguir blindar o entusiasmo agora vai estar bem no futuro, quando tudo voltar a melhorar. Por isso, não se esqueça de que, se você quiser empreender agora, vai ter, sim, oportunidade no futuro próximo.

Quando estiver passando por momentos de dúvidas – que vão existir –, tente se lembrar de algumas das histórias inspiradoras que vou contar para você a seguir. São histórias de pessoas que se aproveitaram momentos econômicos muito ruins para empreender e que anos depois se tornaram grandes empresários.

PROCTER & GAMBLE

A atual P&G, gigante dos bens de consumo e fabricante de marcas como Gillette, Hipoglós e Duracell, foi fundada em 1837. Esse foi um ano terrível para os Estados Unidos, pois uma crise econômica fez com que os bancos parassem de fazer pagamentos em ouro e prata. A inflação era galopante, a recessão durou seis anos e muitos norte-americanos foram para o Oeste em busca de melhores condições de vida. Essa depressão econômica ficou conhecida como Pânico de 1837. No entanto, nada disso impediu que William Procter, um fabricante de velas, e seu cunhado James Gamble, que produzia sabão, abrissem um negócio de vendas porta a porta de itens para o lar. Eles tinham uma carroça em que levavam os produtos pela cidade de Cincinnati e foram aumentando as vendas devagar. O "pulo do gato" aconteceu quando conseguiram fechar um contrato para fornecer suprimentos de higiene para o exército norte-americano durante a Guerra Civil. Com o contrato e mais dinheiro em caixa, eles foram crescendo. Hoje, a empresa está espalhada pelo mundo e teve um faturamento de 2,4 bilhões de dólares em 2015. Se os fundadores tivessem se deixado abater pelo cenário econômico, não teriam fundado uma empresa que se tornaria uma potência global.

General Eletric (GE)

Um ano com inflação alta, recessão e pânico nas ruas não parece o melhor cenário para abrir um laboratório, certo? Bem, não foi isso que Thomas Edison pensou em 1873 quando resolveu abrir sua empresa, batizada de Edison General Electric Company. Foi ali que ele desenvolveu, em 1879, ainda em um momento complicado da economia norte-americana, a lâmpada elétrica. Em 1896, Edison ousou mais uma vez, abrindo o capital de sua GE e colocando-a na Dow Jones. De lá para cá, passaram-se décadas e a GE é uma das maiores empresas do mundo e atua em ramos diversos, como aviação, óleo e gás e, é claro, energia.

General Motors (GM)

Antes que os Estados Unidos tivessem um Banco Central para regulamentar as movimentações financeiras, os bancos precisavam receber dinheiro para poder conceder empréstimos. Em 1907, o país enfrentou uma crise bancária muito complicada, quando várias pequenas empresas fecharam por falta de capital. E foi bem nessa época que William Durant, um fabricante de carruagens, escolheu para fabricar um novo tipo de veículo: o automóvel. Ele abriu a GM em 1908, imaginando que haveria oportunidade para crescer no setor, uma vez que tantas empresas estavam fechando as portas. E estava certo. Em poucos anos, comprou marcas como Cadillac e Buick e, em 1911, criou a sua primeira marca, a Chevrolet. O crescimento da empresa foi veloz e a GM foi a responsável por desenvolver o sistema de navegação da Apollo 11, emblemática nave-espacial que pousou na Lua em 1969. Se Durant não tivesse acreditado que teria oportunidade na crise, não teríamos a GM hoje.

Fedex

O empreendedor Frederick W. Smith identificou uma oportunidade de negócio bem em meio à crise do petróleo, em 1973, que fez a inflação norte-americana oscilar muito e levou às alturas o preço dos combustíveis. Ele notou que havia forte demanda, por parte das empresas e dos órgãos públicos, pelo envio rápido de documentos e encomendas. Frederick percebeu que era necessário fazer com que o envio fosse muito veloz, para que os produtos chegassem com, no máximo, dois dias de espera. Era algo que ainda não se fazia naquele período. Ele viu que isso seria possível usando aviões. Então, conseguiu fazer com que uma empresa que ia mal das pernas, chamada Federal Express, começasse a operar diretamente do Aeroporto Internacional de Memphis. Hoje, a Fedex é uma marca muito famosa, que atua em 220 países, e a segunda maior companhia de transporte aéreo do mundo, ficando atrás apenas da Delta Airlines.

Todas essas histórias têm em comum a coragem de seus fundadores de aproveitar os momentos de crise para criar algo bom. As oportunidades existem para quem, como esses empreendedores, não fica parado se lamentando e usando a crise como desculpa para não ir em frente. É importante estar sempre de olhos abertos para as oportunidades e se preparar para conquistá-las. Contudo, além de estruturar bem o seu planejamento estratégico, é preciso ficar atento a outra questão que tem se mostrado fundamental nos dias de hoje: a ética.

ÉTICA E JUSTIÇA EM PRIMEIRO LUGAR

Estamos em um momento muito importante no Brasil, em que há grande discussão sobre ética, justiça e valores. A população parece cansada de corrupção e quer mudanças. E não falo apenas de mudanças nos comportamentos dos governantes, mas das empresas também. Infelizmente, ainda é comum que alguns empresários não se importem com a ética e tentem resolver questões e problemas de modo desonesto – pagar propina para conquistar um contrato, subornar o fiscal para que ele feche os olhos para uma norma que não está sendo cumprida, fazer acordos pouco justos com funcionários para que eles não processem a empresa por determinado problema... E por aí vai.

A crise atual não é apenas econômica, é também de confiança. As pessoas estão cansadas, indignadas e querem encontrar modelos de justiça; e aqui há espaço para o empreendedor se tornar um exemplo. O momento é delicado, mas é bom para quem quer seguir os preceitos da ética, algo em que acredito muito. Empresários éticos conseguem criar boas empresas e estimular seus funcionários a serem, também, pessoas íntegras.

Existe um movimento nas empresas para aumentar a preocupação com a ética. Isso tem acontecido não apenas pela boa vontade de empreendedores e empresários, mas porque em 2014 foi aprovada, a lei anticorrupção (nº 12.846/2013), que é uma tentativa de fazer com que as companhias inibam práticas de corrupção e sejam investigadas e punidas, caso se prove que cometeram práticas ilícitas.

> **EMPRESÁRIOS ÉTICOS CONSEGUEM CRIAR BOAS EMPRESAS E ESTIMULAR SEUS FUNCIONÁRIOS A SEREM, TAMBÉM, PESSOAS ÍNTEGRAS.**

As punições podem ser multas que variam de 0,1% a 20% do faturamento anual da empresa ou até o mandado de fechamento da companhia.

É claro que a lei, em si, não faz com que os empreendedores antiéticos se tornem éticos da noite para o dia, mas é um alento para aqueles que acreditam que trabalhar seguindo as regulamentações e as leis é o melhor caminho. Para quem está pensando em empreender, o ideal é pensar em uma cultura de ética desde a fundação da empresa. É preciso elaborar mecanismos de controle e de vigilância de comportamentos antiéticos por parte dos funcionários, bem como um modo de fazer com que todos os colaboradores da empresa estejam alinhados com os valores de justiça.

Nesse ponto, é importante dar o exemplo. O líder deve ser o primeiro a dizer não a desvios éticos, evitando clientes ou fornecedores que queiram agir de maneira escusa. Por isso adotar um código de conduta é importante. Quando você estiver desenhando a missão e os valores da sua companhia, pense também em um código de conduta. Nele você vai listar e descrever as práticas que devem ser seguidas e indicar como o funcionário deve agir em situações que podem gerar dúvidas éticas, como aceitar um presente de um fornecedor ou denunciar um colega que está agindo de maneira incorreta. O código de conduta é o instrumento para fazer com que todos naveguem pelos mesmos preceitos e, o ideal, é sempre alinhar os objetivos de negócio da empresa com os objetivos éticos. Quando as duas coisas andam juntas, as empresas ganham muito em produtividade e motivação. Na IS Log & Services, por exemplo, assim que o funcionário é contratado, ele passa dois dias em um processo de integração, momento em que mostramos para ele a cultura, os valores e as regras de atuação. Assim, todos têm consciência do que podem e do que não podem fazer, bem como das punições caso descumpram alguma das regras internas.

Acredito muito na justiça. Eu poderia ter ido pelo caminho mais fácil e ter feito acordos antiéticos que beneficiassem a empresa, mas sempre achei que fazer tudo corretamente era melhor para mim e para os meus funcionários. A justiça tem de estar presente em todos os processos de uma empresa, desde o fechamento de contratos até as promoções. Quando tudo é justo, os funcionários sentem que estão em um bom lugar para trabalhar, os clientes que se aproximam são aqueles que acreditam nos valores da empresa, e os resultados são reais, isto é, não são mascarados, não há nenhum desvio.

A crise que estamos enfrentando, além de estar cheia de oportunidades, também é boa porque mostra que ser antiético não é nem um pouco rentável no longo prazo. Ter o valor da justiça e da ética no DNA de uma empresa é um pilar fundamental e vai ajudá-la a prosperar. Então, por mais difícil que possa parecer, nunca sucumba à tentação de dar um jeitinho. Quem faz isso não ergue uma empresa sólida, basta observar quantas companhias gigantescas desmoronaram por sua falta de ética. Esse novo cenário é estimulante para você que, como eu, quer construir um país melhor por meio do empreendedorismo.

O seu momento de empreender é agora: o país está aberto e sedento por pessoas éticas, responsáveis e que queiram disseminar valores fundamentais, há tanto esquecidos no mundo empresarial. Enfrentei alguns momentos difíceis em que achei que teria de desistir e começar tudo de novo. Contudo, nunca nem passou pela minha cabeça cometer algum ato ilícito, por menor que fosse, para salvar a empresa.

Um exemplo da minha preocupação com a justiça é o fato de todos os meus funcionários serem contratados por regime CLT. Isso implica mais custos trabalhistas para a IS Log & Services. Poderia ser bem mais barato trabalhar sem assinar a carteira de todos os funcionários, mas eu acredito que isso não seria justo. No segmento em que atuo, é muito comum que as empresas optem por terceirizar serviços em vez de assinar a carteira de funcionários, no entanto, creio que, quando um colaborador tem a segurança da CLT, trabalha melhor, sem medo de ficar desprotegido caso aconteça uma demissão.

> É IMPORTANTE DAR O EXEMPLO. O LÍDER DEVE SER O PRIMEIRO A DIZER NÃO A DESVIOS ÉTICOS, EVITANDO CLIENTES OU FORNECEDORES QUE QUEIRAM AGIR DE MANEIRA ESCUSA.

A justiça está, também, nessas pequenas coisas. E, com a sociedade clamando por ética, o empreendedor tem a chance de se tornar um líder admirado e uma pessoa que está comprometida em melhorar o modo como os negócios são conduzidos no país. É uma grande oportunidade para quem, como você, quer mudar a história. A crise de confiança e a lei anticorrupção vão limpar do mercado quem não está se preocupando com valores morais. Lembre-se sempre de que os meios para atingir os resultados são tão importantes quanto os próprios resultados. Aproveite esse momento que estamos enfrentando para construir algo melhor, do qual você se orgulhe, e para estimular mais pessoas a acreditarem que o caminho para o sucesso está na justiça. O vale-tudo não é mais uma opção. E isso é muito bom!

10

TENHA FORÇA, FOCO E (MUITA) FÉ

Em nossa jornada ao longo destas páginas, meu grande objetivo é ajudar você que quer empreender, seja dentro da sua empresa atual, como intraempreendedor, seja como dono do próprio negócio, a se sentir mais seguro para conquistar o que deseja. Chegando até aqui, já deve estar claro que, por mais que as pessoas digam que para alcançar seus objetivos é preciso pensar fora da caixa, o caminho para o sucesso está na direção contrária. Quem pensa dentro da caixa é que vai conseguir compreender onde estão as oportunidades para inovar, abrir um negócio, desenvolver a paixão pelo trabalho e conquistar tranquilidade financeira.

Se você examinar bem os processos, tenho certeza de que encontrará as oportunidades que tanto procura. Neles estão as chaves que vão ajudá-lo a se transformar em um empreendedor de sucesso. Nunca deixe de olhar para os processos com muito cuidado, pois eles escondem oportunidades que poucas pessoas veem; e é por isso que não é preciso ser nenhum gênio para ter sucesso no empreendedorismo. O segredo do sucesso – do meu sucesso, inclusive – não está em reinventar o mundo, mas em analisar atentamente os processos para entender o que pode ser feito melhor.

Deixando o aspecto técnico um pouco de lado, quero conversar com você sobre as três palavras que nomeiam este capítulo: força, foco e fé. Se eu precisasse escolher algumas palavras para definir um empreendedor seriam exatamente essas. Você já deve tê-las visto antes, porém elas dizem muito sobre quem quer abrir o próprio negócio. E é importante que você entenda por que elas serão fundamentais para a sua trajetória a partir de agora.

VOCÊ PRECISA SER FORTE

Se existe algo fundamental para um empreendedor é a coragem. Por mais que você se cerque de pesquisas, estruture muito bem seu plano de negócios e faça um planejamento estratégico, empreender é correr riscos. Isso não é um problema quando seu perfil é o de alguém que tem certeza de que, por mais que a situação pareça difícil, seu negócio vai dar certo. O empreendedor é forte porque ele se abre aos riscos. Muitas pessoas dizem que correr riscos é a porta dos fundos para conquistar o êxito. Acredito muito nisso. Os riscos são necessários para que você conquiste o

> QUEM PENSA DENTRO DA CAIXA É QUE VAI CONSEGUIR COMPREENDER ONDE ESTÃO AS OPORTUNIDADES PARA INOVAR, ABRIR UM NEGÓCIO, DESENVOLVER A PAIXÃO PELO TRABALHO E CONQUISTAR TRANQUILIDADE FINANCEIRA.

que deseja e, diferentemente do que alguns dizem, correr riscos não é negligenciar a realidade ou deixar a ilusão falar mais alto do que a razão. Muito pelo contrário. Quem se arrisca no mundo dos negócios tem consciência de que há inúmeros obstáculos para serem transpostos e de que é preciso ter muita força para alcançar o objetivo final.

A força também é necessária para lidar com as expectativas de seus familiares e amigos. Às vezes, eles vão dizer, por estarem preocupados com os riscos que você está assumindo, que empreender não é o melhor caminho. Nessas horas, mantenha-se firme naquilo que você acredita. Lembre-se de que todos os grandes líderes já correram riscos em sua trajetória e que, por terem feito isso, ficaram ainda mais fortes.

É por isso que, por mais difícil que possa parecer em um primeiro momento, você precisa ser forte para lidar com as adversidades que vão aparecer pelo caminho e, também, para manter seu foco – nosso próximo tópico.

VOCÊ PRECISA MANTER O FOCO

Nem sempre é fácil fazer com que a sua concentração trabalhe por você, sobretudo em momentos de crise, quando tudo parece conspirar contra os nossos objetivos. Então, uma das grandes armas do empreendedor bem-sucedido é o foco. Quando você consegue calibrar suas ansiedades com o trabalho a ser feito, fica fácil alcançar seus objetivos – ainda mais se você seguir à risca seu plano de negócio.

Na crise, ter foco é fundamental para o empreendedor. Quem mantiver o foco na ética e, principalmente, na melhora do seu produto ou serviço e não abrir vários produtos e serviços. O complicado momento econômico e moral que estamos enfrentando é muito positivo para quem, como você, quer se destacar oferecendo um produto ou serviço de excelência. Sabe por quê? Porque a crise limpa o mercado. Muitos aventureiros terão de fechar suas portas porque não têm força para continuar ou simplesmente porque foram negligentes com o negócio e cometeram erros de gestão. Para um negócio dar certo, o líder precisa seguir um plano estruturado, correr riscos calculados e ser justo constantemente, e como você já sabe disso, suas chances de prosperar são muito boas.

Para mim, o foco foi fundamental em diversas situações na IS Log & Services. Como líder, tenho de ser a pessoa mais focada em busca de qualidade e melhoria da empresa. Quando o líder e a empresa não são focados, há um sério risco de perder a direção e ninguém saber o que fazer ou para onde ir. Quando o líder não é focado, tudo desmorona, afinal, todo mundo fica perdido, ninguém sabe o que fazer ou para onde ir. Quando, porém, há foco e os funcionários entendem qual é seu objetivo, tudo muda de figura. Você, como empreendedor, precisa mostrar para onde o barco deve ser remado – e remar com a equipe, claro, para que todos cheguem juntos ao outro lado do rio. Se você for um bom capitão do seu barco, vai passar pelas ondas mais difíceis de serem enfrentadas e, quando a bonança chegar, estará pronto para navegar com muito mais tranquilidade do que os seus concorrentes.

Mantenha o foco no seu produto ou serviço, fazendo-o com excelência e não caindo na tentação de abrir novos produtos/serviços. Quando seu produto/serviço atingir a maturidade – principalmente na qualidade e financeiramente –, você pode pensar em novos produtos/serviços.

VOCÊ PRECISA ACREDITAR

Antes de qualquer coisa, o empreendedor é uma pessoa que acredita. Se não acreditasse, ficaria acomodado em um trabalho qualquer. Eu sou uma pessoa de fé e tenho certeza de que ela é responsável por grande parte do meu sucesso com a IS Log & Services. É claro que nada seria possível sem muito trabalho duro, mas a fé, como diz o ditado, move montanhas. E haverá muitas montanhas a serem movidas em sua vida de empreendedor. Portanto, tenha coragem. Como diz o versículo 13 do capítulo 16 da Primeira Carta aos Coríntios: "Estejam vigilantes, mantenham-se firmes na fé, sejam homens de coragem, sejam fortes" (1Cor. 16:13). Por isso, estando preparado e seguindo todos os processos que mostrei, o que você vai precisar, além de esforço, é acreditar que você é capaz de chegar aonde deseja.

Talvez você ache que estou exagerando quando digo que você precisa acreditar fortemente que é possível mudar de vida e conquistar seus sonhos. Entretanto, não é exagero. Ter fé não significa fechar os olhos para a realidade, mas vislumbrar que os momentos de dificuldade vão passar e que um dia, olhando para trás, você perceberá que todo o seu esforço valeu a pena. Como diz outro versículo da Bíblia: "Ora, a fé é a certeza daquilo que esperamos e a prova das coisas que não vemos" (Hebreus 11:1).

> **PARA UM NEGÓCIO DAR CERTO, O LÍDER PRECISA SEGUIR UM PLANO ESTRUTURADO, CORRER RISCOS CALCULADOS E SER JUSTO CONSTANTEMENTE, E COMO VOCÊ JÁ SABE DISSO, SUAS CHANCES DE PROSPERAR SÃO MUITO BOAS.**

Quando penso nos momentos difíceis que enfrentei, no desafio que foi começar uma empresa do zero em uma salinha apertada, vivendo do mínimo necessário, percebo que foi a fé, no meu caso em Deus, que me ajudou a ter serenidade e coragem para seguir em frente e certeza de que tempos melhores viriam.

Ter fé significa ver além do momento presente e se encher de forças para continuar em frente, em busca do que deseja. O pastor Kris Valloton, da Bethel Church, em Redding, na Califórnia, diz que a fé tem muitas faces e atribui sete significados para ela – significados com os quais eu me identifico muito e nos quais todo empreendedor deveria acreditar para se motivar em tempos difíceis:

1. Humildade é a fé nas relações de trabalho.
2. Coragem é a fé na batalha.
3. Integridade é a fé trabalhando no caráter.
4. Persistência é a fé trabalhando no destino.
5. Milagre é a fé trabalhando no poder.
6. Visão é a fé trabalhando no legado.
7. Aliança é a fé trabalhando na família.

Essas sete frases me ajudam a manter a força. Ao entender que a fé pode ajudar em vários aspectos de nossa vida, inclusive nos negócios, nós ficamos muito mais fortes para ir em frente. Para o empreendedor, ter consciência disso é muito importante. Só assim será possível lutar contra todos os desafios e encontrar o sucesso.

Há uma frase muito bonita de William Osler, médico canadense e um dos pensadores mais importantes da Medicina moderna, sobre o assunto. Ele diz: "A fé despeja uma inesgotável torrente de energia". E ele tem razão. Tudo o que você precisa fazer agora é se esquecer das crises, deixar as dificuldades de lado, fechar os ouvidos para os pessimistas e acreditar em si mesmo. Use sua fé no seu trabalho e na sua ideia como impulso para agir. Este é o momento. É agora que os corajosos vão ousar, que os inovadores vão arriscar e que os líderes vão surgir. Você deve aproveitar este momento para mergulhar na sua caixa, estudar os processos e encontrar as oportunidades que estão escondidas para os outros. Esta é a hora de você transformar a sua vontade de viver uma vida diferente em energia. Abrace sua fé. Vá atrás do que você acredita e aproveite a crise – porque poucos estarão dispostos, como você, a transformar completamente a própria vida.

Este livro foi impresso pela Assahi Gráfica
em papel norbrite plus 66,6 g.

PENSE DENTRO DA CAIXA

CARO LEITOR,

Queremos saber sua opinião sobre nossos livros.
Após a leitura, curta-nos no facebook/editoragentebr,
siga-nos no Twitter @EditoraGente e visite-nos no site
www.editoragente.com.br.
Cadastre-se e contribua com sugestões, críticas ou elogios.
Boa leitura!